LA BLESSURE INVISIBLE

DU MÊME AUTEUR
AUX ÉDITIONS DU ROCHER

Comment connaître Dieu, 2001.

Ma science de la vie, entretiens avec Leon Nacson, 2000.

Vaincre les dépendances, coll. « Équilibre », 2000.

Soigner le cœur malade, coll. « Équilibre », 1999.

Les Sept Lois pour guider vos enfants sur la voie du succès, 1998.

Les Sept Lois spirituelles du succès, rééd. 1998.

DEEPAK CHOPRA

LA BLESSURE INVISIBLE

Guérir la peur et les traumatismes

Traduit de l'anglais (États-Unis)
par Nikou Tridon

ÉDITIONS DU
ROCHER
Jean-Paul Bertrand

Titre original : *The Deeper Wound. Recovering the Soul from Fear and Suffering.*

This translation published by arrangement with Harmony Books, a division of Random House, Inc.

Première publication : Harmony Books, New York, 2001.

ISBN 2 268 04222 7

Pour Ruth, Paige et Juliana

REMERCIEMENTS

Je tiens beaucoup à remercier les personnes suivantes : mon infatigable correcteur, Peter Guzzardi, qui a magistralement parachevé ce texte ; Linda Loewenthal, qui a eu la première l'idée de ce livre ; Shaye Areheart, Chip Gibson, Tina Constable et Rhoda Dunn, des éditions Harmony Books et Crown Publishers, pour leur indéfectible soutien ; Carolyn Rangel, sans qui ma vie serait complètement anarchique ; Paulette Cole, pour le courage et la détermination dont elle a fait preuve dans son exploration de la blessure après la tragédie : Richard Perl, qui nous a soutenus, Paulette et moi ; et enfin ma famille, dont l'amour et la tendresse me sont infiniment précieux.

Je sais qu'un jour viendra
Où je perdrai de vue cette terre.
La vie prendra congé de moi en silence,
Après avoir tiré le suprême rideau sur mes yeux.
Cependant les étoiles veilleront dans la nuit,
L'aurore surgira comme la veille,
Et les heures encore
S'enfleront pareilles à des vagues marines,
Apportant plaisirs et chagrins.
Quand je pense à cet arrêt de mes instants
La digue des instants se brise,
Soudain pour moi s'éclaire à la lumière de la mort
Ton univers avec ses trésors nonchalants.
Exquise en est la plus humble demeure,
Exquise y est la vie la moins prisée.
Les biens que j'ai souhaités en vain,
Et les biens que j'ai possédés – qu'ils s'en aillent.
Et qu'à ces biens-là seuls en vérité je m'attache,
Que j'ai toujours méprisés
Ou que je n'avais pas voulu voir.

RABINDRANATH TAGORE, 1913
(traduit par André Gide)

PRÉFACE

Le 11 septembre 2001, le destin a voulu que je quitte New York sur un vol qui a décollé quarante-cinq minutes avant que l'impensable se produise. Le temps que nous arrivions à Detroit, le chaos avait fait irruption. Quand j'ai su que la sécurité américaine venait de voler en éclats d'une manière aussi tragique, je n'ai eu tout d'abord aucune réaction. Ma femme et mon fils avaient également pris l'avion sur d'autres vols à destination de San Diego et Los Angeles. Mon corps s'est instantanément pétrifié de peur. Je ne pouvais penser à rien d'autre et il m'a fallu attendre plusieurs heures avant d'apprendre que leurs vols avaient été déviés sur d'autres aéroports et qu'ils étaient sains et saufs.

Curieusement, lorsque ces nouvelles rassurantes me sont parvenues, mon corps a continué à éprouver les mêmes sensations que s'il avait été heurté par un camion. Il semblait souffrir d'un traumatisme beaucoup plus vaste qui englobait la souffrance des milliers de personnes décédées, ainsi que celle des dizaines de milliers n'ayant survécu que pour connaître des mois et des années d'enfer. Et je me suis aussitôt posé des questions : pourquoi n'avais-je pas eu cette sensation la semaine précédente ? Pourquoi mon corps ne s'était-il pas pétrifié alors que tant d'innocents mouraient dans les flambées de violence embrasant d'autres pays ? Partout dans le monde, d'autres que moi éprouvaient mon horreur et mon inquiétude tous les jours. Des mères pleuraient sur le corps de leur enfant, des civils étaient bombardés sans pitié et des réfugiés arrachés à leur foyer et leur pays. Comment se faisait-il que je ne ressente pas suffisamment leur souffrance pour faire en sorte d'y mettre fin ?

Quand on entend réclamer le renforcement de la sécurité américaine et prôner une féroce riposte militaire face au terrorisme, il est évident qu'aucun de nous n'a de réponse. Il n'en reste pas moins que ce drame soulève des interrogations.

Puisque rien ne se produit sans cause, quelles sont les raisons qui peuvent l'expliquer ? Nous ne devons pas nous contenter de causes superficielles, mais devons rechercher les racines du mal – d'un mal qui de toute évidence sévit partout dans le monde et y est même glorifié.

A-t-il prospéré à partir de la souffrance et du désespoir qu'éprouvent des gens que nous ne connaissons pas et dont nous ignorons les épreuves. Subissent-ils cette situation depuis longtemps ?

Il paraît évident que les auteurs de ces attentats éprouvaient une haine implacable pour l'Amérique. Pourquoi avons-nous été choisis comme cible face à tous ceux qui souffrent dans le monde ?

Toute cette haine et cette amertume semblent avoir

des fondements religieux. N'est-ce pas une terrible erreur que des djihads et des guerres soient menés au nom de Dieu ? Et Dieu n'est-il pas invoqué dans les appels à la haine en Irlande, au Sri Lanka, en Inde, au Pakistan, en Israël, en Palestine, et même dans les sectes fanatiques des États-Unis ?

Une riposte militaire peut-elle avoir le moindre effet sur les causes sous-jacentes ? N'y a-t-il pas une profonde blessure au cœur de l'humanité ? Et si cette profonde blessure existe, n'affecte-t-elle pas tous les êtres humains ? Mais alors à quoi sert de se venger ? Une punition, quelle que soit sa forme et les personnes visées, guérira-t-elle la blessure ou l'aggravera-t-elle ? La loi du talion – œil pour œil, dent pour dent – nous rendra-t-elle tous édentés et aveugles ?

Les guerres tribales existent depuis des milliers d'années et s'étendent maintenant sur toute la planète. Peut-on y mettre un terme ? Est-il envisageable qu'un jour, dans un avenir plus ou moins proche, nous puissions tous, sans distinction de race, de religion, et de nationalité, transcender ces instincts tribaux ?

Et vous et moi, personnellement, qu'allons-nous faire face aux événements ? Pouvons-nous nous permettre de laisser cette profonde blessure suppurer plus longtemps ?

L'Amérique a subi une horrible agression, mais n'y a-t-il pas aussi une déchirure dans notre âme collective ? Cet assaut contre la civilisation ne vient-il pas autant de l'intérieur que de l'extérieur ?

Lorsque nous aurons une fois de plus rétabli notre sécurité et soigné les blessés, quand le choc se sera dissipé et quand le deuil sera terminé, le moment sera venu de sonder notre âme. J'espère seulement que ces questions seront abordées sous un angle spirituel et avec la profondeur voulue. Aucun d'entre nous ne se sentira désormais à l'abri derrière le bouclier de la puissance militaire et de la course aux armements. Rien ne pourra garantir notre sécurité tant que la cause profonde restera ignorée. Dans ce moment de profonde affliction face à cette blessure de notre âme collective, nous devons impérativement prier et nous offrir mutuellement aide et réconfort. La seule contribution que nous puissions personnellement apporter à sa guérison est de veiller à ce que chacune de nos pensées, chacune de nos paroles et chacun de nos actes servent l'humanité.

Si l'idée d'écrire ce livre a surgi suite à la tragédie du 11 septembre 2001, son objectif a rapidement évolué pour en faire une sorte de manuel de guérison des blessures profondes, quelles qu'en soient les causes. Toutes les grandes traditions de sagesse ont affirmé qu'il est possible de transcender la souffrance et d'atteindre une expansion de conscience où notre transformation personnelle non seulement nous procure de la joie, mais répare aussi, sur un plan plus vaste, le tissu de la vie. Mon espoir, c'est que la joie qui vous gagnera en atteignant les profondeurs de votre âme contribue également au rétablissement de l'harmonie dans le monde. Parce que vous êtes le monde.

Il existe un principe de physique selon lequel « quand un électron vibre, l'univers tremble ». Nous pouvons, vous et moi, nous en inspirer et émettre ces vibrations conscientes qui amèneront la paix, l'harmonie, la joie et l'amour dans ce monde.

INTRODUCTION

Je m'appelle Gotham Chopra et je suis le fils de Deepak Chopra. Je suis journaliste de télévision à Channel One News, dont les émissions éducatives sont diffusées dans plus de douze mille établissements scolaires.

À 8 heures du matin, le mardi 11 septembre, j'étais à New York et je suis monté à bord d'un avion pour Los Angeles. Quelques instants plus tard, nous avons gagné la piste de décollage et nous nous sommes élancés vers le ciel. Il ne devait pas être loin de 8 h 30 quand j'ai tourné la tête et longuement contemplé l'horizon où se détachait la silhouette des gratte-ciel new-yorkais, de l'université de Columbia, où j'ai fait mes études, jusqu'au World Trade Center.

« Quelle magnifique journée ! me suis-je dit. Je regrette vraiment de partir. » Puis j'ai fermé les yeux et je me suis assoupi.

Une heure et demie plus tard, la voix du pilote dans le micro m'a réveillé. « Mesdames et messieurs, a-t-il annoncé posément, nous allons faire un atterrissage forcé à Cincinnati en raison de ce que l'on suppose être un attentat terroriste à New York. Nous vous prions de garder votre calme… »

Il y a eu un murmure d'inquiétude parmi les passagers. Le journaliste en moi a immédiatement voulu en savoir plus et j'ai décroché le téléphone, glissé ma carte de crédit dans la fente, attendu la tonalité et composé le numéro de mon service d'informations à Los Angeles. La communication était mauvaise, mais j'ai aussitôt senti la panique dans la voix d'une de mes collègues.

– Tu vas bien ? m'a-t-elle demandé.

– Oui. Est-ce que tu sais ce qui s'est passé ?

– Deux avions se sont écrasés sur le World Trade Center. Tout s'est effondré. Les tours sont tombées…

La ligne a été coupée. J'ai recomposé le numéro comme un fou.

En vain.

J'ai essayé d'appeler ma sœur à Los Angeles, sans y parvenir non plus. J'ai lentement ramené mon dos contre le dossier de mon siège en sentant l'affolement me gagner. Je savais que mon père avait quitté New York sur un autre vol environ une heure avant moi. Je savais que ma mère avait pris à Londres un avion pour San Diego. J'ai essayé de méditer en me persuadant que nous allions tous nous en sortir. Les larmes me brûlaient les yeux.

Lorsque nous avons atterri vingt minutes plus tard, le pilote nous a ordonné de ne pas allumer nos téléphones portables, d'évacuer l'appareil et de suivre les instructions du personnel de sécurité.

Sitôt arrivé dans le hall de l'aéroport, j'ai sorti mon portable et je l'ai allumé. Et j'ai attendu là, avec des centaines d'autres passagers bloqués, les yeux levés vers l'écran de télévision où l'on voyait l'image de deux tas de ruines fumantes – ce qui restait des tours du World Trade Center. J'ai finalement réussi à joindre ma sœur, Mallika, qui sanglotait à l'autre bout du téléphone.

– Moi, ça va, l'ai-je rassurée. Où est papa ?... Et maman ?

Mallika a répondu à mes questions – tout le monde était sain et sauf. Puis j'ai passé un coup de fil au bureau. Je savais que j'allais avoir du travail. Effectivement, une voiture avait déjà été retenue pour que je rentre à New York. À l'agence de location, dans la longue file d'attente, des gens se sont mis à crier leur destination et nous avons cherché à nous regrouper pour partager les voitures. J'ai trouvé deux hommes qui allaient eux aussi à New York et nous sommes partis. Pendant les douze heures qui ont suivi, nous n'avons cessé d'écouter à la radio les dernières informations sur les attentats terroristes. Toutes les cinq minutes, le nom d'un ami ou d'un membre de la famille jaillissait dans mon esprit et je composais frénétiquement son numéro. La plupart des lignes pour New York étaient saturées ou hors service. J'ai quand même pu joindre une personne qui m'a dit qu'elle avait essayé en vain d'appeler un de nos amis communs. Il travaillait au cent cinquième étage d'une des tours et devait assister à une réunion prévue pour 8 h 30. L'un des participants avait téléphoné pour dire qu'ils avaient survécu à l'attentat et qu'ils attendaient les équipes de secours. Personne n'avait plus entendu aucun d'eux depuis cet appel.

Un peu après minuit, nous sommes arrivés à Fort Lee, dans le New Jersey, en face de New York. Il était impossible de traverser vers Manhattan – tous les ponts et les tunnels avaient été fermés et nous avons dû passer la nuit dans un hôtel sur place. J'ai très mal dormi et, à 6 heures du matin, j'étais habillé et prêt à partir. On ne pouvait passer que par des trains de banlieue dont le nombre était limité. Lorsque nous sommes entrés en gare d'Hoboken, le train a ralenti pour s'arrêter. En face, sur l'autre rive, se dressaient les ruines des tours jumelles, comme deux tombes de cendres fumantes. Le wagon était complètement silencieux et tout le monde s'était levé pour regarder par la fenêtre. Une jeune femme à côté de moi a poussé un gémissement. Un homme a mis la tête dans ses mains pour étouffer ses sanglots.

Une fois arrivé en ville, j'ai vu tous ces gens qui marchaient dans les rues, l'air abasourdi. Dans les artères les plus fréquentées comme Broadway et la Cinquième Avenue, il n'y avait pas une seule voiture, mais une foule de piétons qui déambulaient. À mesure que nous nous rapprochions des lieux du drame (je travaillais déjà avec une équipe de télévision), nous avons vu que de petits snacks s'étaient ouverts en plein air. Leurs terrasses étaient pleines et la plupart des consommateurs regardaient en silence l'énorme panache de fumée blanche qui s'élevait toujours vers l'ouest. À West Fourth Street, une bande de gosses jouaient au basket et leur ballon a roulé sur la chaussée. Un garçon torse nu lui a couru après et s'est penché pour le ramasser. En se relevant, il a regardé l'épaisse fumée qui grimpait dans le ciel. Je l'ai vu secouer la tête et s'essuyer les yeux – sueur ou larmes – avant de repartir jouer.

Je me suis arrêté pour parler à un policier. Nous avons bavardé quelques minutes, puis il m'a demandé si j'aimerais voir *ground zero*. J'ai accepté de rester en bordure du site pour ne pas gêner les sauveteurs.

Les images que nous avons tous vues à la télévision ne peuvent rendre compte de l'incroyable ampleur des ravages causés par les attentats ce mardi-là. On aurait dit qu'un astéroïde était tombé sur Manhattan. Des morceaux de béton et de métal tordus et noircis par le feu pointaient dans toutes les directions. C'était un chaos indescriptible. Et la tragédie n'en était qu'à ses débuts. Pour les milliers de personnes qui ont perdu la vie – des pères, des mères, des enfants, des frères, des sœurs, des amis et des voisins qui sont partis de chez eux un matin et ne sont jamais revenus –, il y a un nombre beaucoup plus grand encore de parents et d'amis qui ne pourront plus jamais dormir paisiblement.

Cette tragédie nationale a pour certains une autre dimension. Mercredi soir, j'ai pris un taxi en sortant du travail pour rentrer chez moi et j'ai remarqué que mon chauffeur avait un nom musulman. Lui a vu la couleur de ma peau dans le rétroviseur, et il m'a fait un signe de tête. À la radio, le commentateur mettait en garde tous les hommes d'origine arabe ou asiatique contre la violence et les représailles injustifiées dont ils pourraient être victimes de la part d'individus perturbés par la catastrophe.

Le chauffeur m'a de nouveau regardé dans le rétroviseur avec un sourire ironique.

– Nous adorons l'Amérique et nous nous sentons chez nous ici. (Il a secoué la tête.) Mais je crois qu'on va en baver...

Il y a environ un mois, je suis allé avec deux collègues au nord-ouest du Pakistan, dans la région frontalière qui borde l'Afghanistan. Nous faisions un reportage sur les bases d'entraînement des militants islamistes installées dans les écoles religieuses pakistanaises. On en a beaucoup parlé en Occident comme de véritables pépinières où l'on transforme de jeunes musulmans en terroristes anti-occidentaux. De leur côté, le gouvernement pakistanais et les responsables de ces écoles contestent vivement ces affirmations et accusent les Occidentaux de propagande raciste. J'ai parcouru cette région reculée avec aussi peu de préjugés que possible mais avec également, je l'avoue, une certaine appréhension.

Le directeur de l'école s'est montré très accueillant. Il nous a invités à visiter l'ensemble des bâtiments et à rencontrer des professeurs et des élèves – quoique, au début, nous n'ayons pas eu le droit de leur parler. Puis il nous a reçus dans sa résidence privée.

La première chose que j'ai remarquée en entrant dans la pièce, c'est une coupe pleine de grosses mangues jaunes et une photographie qui trônaient sur la table. Cette photographie représentait notre hôte – un vieux mollah musulman barbu coiffé du turban blanc traditionnel – accompagné de son ami Oussama Ben Laden, l'homme qui était en tête de liste des individus les plus recherchés par le FBI. J'ai demandé au mollah si nous pouvions l'interviewer. Il a accepté, mais en insistant pour nous faire d'abord goûter ses mangues. Il a sorti un long couteau et nous en a offert des tranches. Nous les avons dégustées en bavardant un moment et, finalement, mon équipe a été autorisée à mettre en marche la caméra.

J'ai posé au mollah toute une série de questions. Est-ce qu'il détestait les États-Unis ? Pourquoi l'antiaméricanisme était-il si répandu dans cette région du monde ? Les Américains devaient-ils en avoir peur ?

Ses réponses ont été éloquentes et dénuées d'hostilité. Il a évoqué l'histoire des États-Unis et de l'Afghanistan, en rappelant qu'ils étaient alliés pendant la guerre froide et qu'ils s'étaient unis pour mener la guerre contre les Soviétiques.

– Vous nous avez donné des armes et vous avez formé nos hommes. Vous avez construit nos routes, nourri notre peuple. Mais en réalité, jeune homme, votre gouvernement n'a aidé et financé les forces des talibans que dans son propre intérêt, pour utiliser la guérilla et l'action terroriste contre les Russes. Vous disiez que nous étions vos amis mais, lorsque votre guerre froide a pris fin, vous nous avez abandonnés. (À cet instant, une pointe d'animosité a percé dans sa voix.) Puisqu'il ne vous servait plus à rien de nous avoir pour alliés, vous nous avez oubliés et vous avez laissé notre peuple souffrir de la faim et se remplir de haine. C'est vous qui avez fait de nous vos ennemis, car vous nous avez traités comme des prostituées.

Il y a eu un silence entre nous.

Puis je lui ai parlé de la photo en lui demandant quelle était la nature de sa relation avec M. Ben Laden.

– C'est un vieil ami. Quelqu'un de très bien.

J'ai secoué la tête.

– Mais c'est un terroriste ?

– Ce n'est pas comme ça que nous l'appelons ici.

Le mollah m'a fait comprendre que l'entretien était terminé. Nous nous sommes serré la main et je l'ai remercié pour son accueil.

En sortant, j'ai repensé à son hospitalité. Je savais que ce mollah avait lui-même approuvé une fatwa – un mot d'ordre religieux – que Ben Laden avait lancée quelques années auparavant, une fatwa exhortant les musulmans à tuer les civils américains. Et pourtant cet homme nous avait coupé des tranches de mangues et s'était montré très courtois. Il se conformait ainsi à la tradition afghane : « Aujourd'hui, tu es notre hôte. Ce serait pour nous une grande honte que de ne pas nous montrer hospitaliers. Mais si nous étions en guerre, alors oui, tu serais un ennemi et nous pourrions te tuer. Aujourd'hui, un ami, demain, *inch Allah* – si Dieu le veut –, peut-être n'y aura-t-il pas de guerre. »

Aujourd'hui, vendredi 14 septembre 2001, quatre jours après les attentats terroristes, il semble que nous soyons au seuil d'une nouvelle guerre. Notre président en a parlé comme de la première guerre mondiale du XXIe siècle. Je ne sais pas vraiment qui nous allons combattre. J'aimerais pouvoir aller à Manhattan dans mon café favori, un petit bar égyptien de l'Upper East Side que je fréquente depuis mes années d'université et dont les serveurs sont mes amis. Ce sont pour la plupart des jeunes du Moyen-Orient qui aiment bien discuter de basket et de foot et qui viennent s'asseoir à votre table pour tirer une bouffée de ce tabac si doux qu'ils mettent dans les narguilés proposés aux clients. Mais je ne sais pas quand il rouvrira, ni même s'il rouvrira. Il y a une mosquée à côté qui est fermée depuis l'attentat.

Les semaines, les mois, et peut-être les années qui viennent s'annoncent complexes et incertains. Espérons que nos dirigeants se montreront avisés, lucides et magnanimes dans les décisions cruciales qu'ils auront à prendre. Mais il revient à chacun de nous maintenant de se mobiliser et de mener le véritable combat de ces temps difficiles. Est-ce à dire que nous devons prendre les armes et aller braver la mort sur un champ de bataille ?

Je ne crois pas. Le champ de bataille est invisible. L'ennemi est insaisissable, et le réseau du mal trop complexe. Il n'y a pas aujourd'hui de réponse simple. Il est trop tôt pour proposer des solutions.

Pour l'instant, nous avons tous notre propre histoire – là où nous étions le jour où les tours se sont effondrées. Chacune d'elles est dramatique ; chacune d'elles est tragique. J'observerai désormais chaque jour un moment de silence en souvenir des victimes de cette catastrophe. Chacun de nous peut choisir de commémorer à sa manière cet événement, mais je crois que nous devrions tous prendre le temps de la réflexion, nous intéresser aux autres et méditer pour la paix et la tolérance car, en définitive, les seules forces qui peuvent vaincre un mal aussi profond sont celles de la compassion et de l'espoir.

J'espère que vous trouverez dans les pages de ce livre le réconfort et l'inspiration qui vous aideront à affronter la situation. Et je vous invite tous à vous joindre à nous, mon père et moi, afin de prier pour la guérison de cette blessure de notre civilisation – si tant est qu'elle mérite ce nom. Adressons chaque jour nos prières au Dieu que nous vénérons, mais sans oublier, comme mon père me l'a enseigné depuis mon enfance, que le Christ n'était pas chrétien, que Mahomet n'était pas musulman, que Bouddha n'était pas bouddhiste, et que Krishna n'était pas hindouiste.

GOTHAM CHOPRA
15 septembre 2001

PREMIÈRE PARTIE

FACE À LA TRAGÉDIE

Quand les terroristes ont lancé les deux avions détournés sur les tours du World Trade Center, causant la mort de milliers de personnes, notre réaction immédiate a été : « Rien ne sera plus jamais comme avant. » La période de bien-être dont a joui notre société a pris fin, et notre sentiment de sécurité a laissé place à la peur. La violence du choc nous a brutalement réveillés, nous rappelant à la réalité de la souffrance collective.

Trois de ces morts me serrent particulièrement le cœur. Je n'ai jamais rencontré Ruth Clifford McCourt, sa fille Juliana qui avait quatorze ans, ni Paige Farley Hackel. Paige et Ruth étaient de grandes amies – et des femmes particulièrement épanouies et chaleureuses comme on le voit sur leurs photographies. Elles avaient décidé de partir le 11 septembre en Californie et elles étaient toutes contentes, ce matin-là, parce qu'elles avaient prévu de faire une surprise à Juliana en l'emmenant à Disneyland. Elles se sont séparées à l'aéroport Logan, chacune prenant un vol différent pour utiliser les kilomètres gratuits de leurs compagnies respectives.

Ruth a pris avec sa fille le vol 175 d'United Airlines et Paige le vol 11 d'American Airlines.

Le destin a voulu que ces deux avions s'écrasent sur les tours jumelles et que tous leurs passagers périssent dans un holocauste d'acier déchiqueté et de carburant en feu. Avec elles sont mortes des milliers d'autres victimes innocentes qui, contrairement à celles des avions, ont eu pour certaines la chance, si l'on peut dire, d'être prises par surprise et de ne pas devoir vivre avec la certitude de leur condamnation à mort.

Tout le monde se souvient de ces images. Nombre d'entre nous ont regardé cette épouvantable tragédie se dérouler en direct à la télévision, et certains l'ont vue de leurs propres yeux. Nous avons senti mourir en nous l'espoir qu'il y ait le moindre survivant.

Les médias ont raconté que la famille McCourt, qui ne savait pas que Ruth et Juliana étaient dans l'avion détourné, s'est crue miraculée au début parce que le frère de Ruth, qui travaillait dans l'une des tours, avait échappé à la mort. Mais ils se sont ensuite effondrés en apprenant la terrible nouvelle et le sort tragique de Ruth et de sa fille.

On a moins parlé d'un fait dont j'ai eu personnellement connaissance. Ruth et Paige ne partaient pas simplement en vacances. Elles se rendaient à San Diego pour assister à un séminaire de Debbie Ford au Centre Chopra pour le Bien-Être, car elles projetaient de devenir thérapeutes. Quoi qu'on ne puisse parler d'ironie du sort face à la tragédie d'une mort aussi violente, il y a une telle disparité entre leur qualité spirituelle et l'horreur de leur mort que le destin paraît incroyablement cruel. Ruth, Paige et Juliana sont désormais trois noms sur une liste, mais elles sont également devenues le symbole d'une souffrance sans alternative ni échappatoire. La seule commémoration qui convienne pour honorer leur mémoire m'a semblé être d'écrire un texte expliquant ce qu'il est possible de faire pour guérir en profondeur cette terrible blessure.

LES PHASES DE LA SOUFFRANCE ET LE CHEMIN DE LA GUÉRISON

Nous connaissons tous la souffrance, mais en temps de guerre ou en cas de drame collectif ou de catastrophe naturelle, tout le monde souffre ensemble. Pourtant, quelle que soit la distance à laquelle se propagent ses sombres ondulations, la souffrance est toujours individuelle. Nous sentons en nous cette blessure mais ne pouvons la montrer à personne, car elle est invisible. Et nous n'avons d'autre choix que de traverser cette terrible épreuve du chagrin et de la dépression, où le sentiment de perte nous accable tellement que plus rien d'autre ne compte.

La souffrance peut être définie comme une douleur qui enlève tout sens à la vie. Les animaux souffrent aussi, bien sûr, et souvent profondément. Certains d'entre eux peuvent montrer du chagrin face à la mort d'un des leurs. Mais les êtres humains connaissent une souffrance intérieure complexe faite de peur, de culpabilité, de honte, de peine, de rage et de désespoir. Il était illusoire de penser que notre société pouvait être immunisée contre ce type de souffrance, et cette illusion a brutalement volé en éclats le 11 septembre 2001.

Ce jour-là, je roulais dans la campagne, la fermeture des aéroports m'ayant amené à louer une voiture. J'ai ainsi traversé toutes les villes du Middle West entre Detroit et Denver, et chaque fois que j'arrivais quelque part, les personnes que je rencontrais me suppliaient de les aider dans ce moment de chagrin et de détresse. Immédiatement après une tragédie, les victimes sont comme assommées par le choc. Puis la stupeur laisse place aux larmes, et c'est alors que débute une des toutes premières phases du chagrin, quand on ne peut rien faire d'autre qu'essayer de retrouver une sorte de sécurité rudimentaire. C'était ce que vivaient les gens qui ont croisé ma route ce jour-là. Peut-être avaient-ils lu un de mes livres, entendu une cassette ou assisté à un séminaire, et ils voyaient en moi quelqu'un qui pouvait les aider.

Mais j'étais dans le même état qu'eux et je ne pouvais rien faire d'autre que réfléchir à ma propre expérience du chagrin. « Prenez vos proches dans les bras et serrez-les contre vous, leur ai-je dit. Et n'ayez pas peur de leur demander la même chose. Dites-leur que vous les aimez, ne faites pas comme si ça allait de soi. Ne refoulez pas votre peur. Acceptez-la et laissez-la se manifester naturellement. Priez. Pleurez avec les autres si cela vous est possible, seul si vous ne pouvez faire autrement. »

Ce sont des remèdes très simples, élémentaires, pour affronter le choc. Mais la stupeur et les larmes mènent à la deuxième phase de la souffrance, celle où de puissantes émotions remontent à la surface, des émotions qui sont souvent restées enfouies pendant des années ou des décennies. Tout autour de moi, je sentais la rage et le désespoir commencer à percer. Les gens me disaient que leur peur prenait une ampleur qu'ils n'avaient jamais connue dans leur vie. Le moindre incident – une porte qui claque, une voiture qui pétarade, une tape sur l'épaule – pouvait déclencher la panique. Et dans les jours qui ont suivi, cette anxiété contagieuse s'est rapidement propagée comme une épidémie.

La troisième phase de la souffrance débute quand on sent que l'on doit agir, que ce soit pour s'efforcer de guérir, pour punir les terroristes ou pour venir en aide aux autres victimes. Tout un éventail de possibilités s'offre à nous, mais certains choix prolongent la souffrance, alors que d'autres la soulagent. Avant d'aborder les racines profondes de cette souffrance, arrêtons-nous un instant sur les choix positifs que nous pouvons tous faire lorsque la troisième étape commence.

Veillez les uns sur les autres avec sollicitude.

Parlez avec douceur.

Ne regardez pas des images pénibles à longueur de temps.

Éloignez-vous quand une conversation devient négative.

Gardez une vie aussi structurée que possible – un

point particulièrement important pour les enfants immédiatement après une tragédie.

Essayez de ne pas vous retrouver seul – mangez en famille, laissez vos amis vous consoler – même si la présence d'autrui est douloureuse.

Efforcez-vous de ne pas vous considérer comme une victime, mais pardonnez-vous si vous n'y arrivez pas.

Acceptez le point de vue d'autrui. Il n'est pas facile d'exprimer sa souffrance et nous le faisons tous imparfaitement. Si certains la manifestent par de la colère et de la frustration, c'est la plupart du temps parce qu'ils ne peuvent faire mieux.

Une fois que la phase aiguë du chagrin est passée, votre souffrance peut devenir plus subtile, comme une sorte de voile gris recouvrant la réalité plutôt que comme une blessure physique bien délimitée. Si c'est le cas, vous devez faire tout votre possible pour retrouver un sentiment de normalité. L'absence de souffrance aiguë indique que vous pouvez recommencer à satisfaire vos besoins fondamentaux, qui sont :

le besoin de sécurité,
le besoin d'appartenance,
le besoin d'être reconnu par les autres,
le besoin d'être important,
le besoin de s'exprimer librement et
le besoin d'amour.

Dans leur innocence, les enfants nous disent franchement de quoi ils ont besoin, alors que les adultes ont peu à peu appris à masquer leurs émotions. J'ai vu il y a quelques années dans un centre commercial une scène étonnante que j'ai trouvée très drôle. Des parents faisaient leurs courses avec leur petit garçon qui devait avoir dans les six ans. Le couple ne faisait pas attention à lui quand il s'est soudain exclamé d'une voix très forte : « Vous ne m'aimez pas assez, là maintenant ! » Les tragédies collectives sont l'une des quelques situations où le masque des adultes tombe. Elles forcent les gens à pleurer en public, à montrer une peur qu'ils ne peuvent dissimuler, à offrir aux autres leur réconfort dès que le besoin devient trop évident.

Sur un plan pratique, rien ne soulage autant notre souffrance que de tendre la main à un autre être qui souffre. Proposez votre aide, rendez-vous utile, même pour de toutes petites choses. Nous sommes tous timides lorsqu'il s'agit de réconforter nos semblables. Notre société parle souvent de communauté alors que, la plupart du temps, nous nous tenons à distance les uns des autres comme des atomes dans le vide. Il n'est pas facile d'atteindre autrui pardessus les murs que nous avons bâtis pour protéger notre isolement, mais n'importe quel geste – tout ce que vous vous sentez de faire – est un pas vers la guérison.

Après les attentats du World Trade Center et du Pentagone, des milliers de citoyens de tous les milieux se sont portés volontaires pour participer aux recherches, aider les sauveteurs, apporter leur soutien, etc. Des centaines de milliers de personnes ont presque instantanément répondu à l'appel quand on a demandé des donneurs de sang. Tout le monde a été formidable, mais j'ai personnellement été ému par une femme qui était venue à bicyclette sur les lieux de la catastrophe pour retrouver sa nièce et son neveu – ce que, par miracle, elle a réussi à faire. Le lendemain, elle s'est senti de nouveau attirée vers le site par une force invisible, comme tant de gens ont dit qu'ils l'avaient été. Elle a rencontré là-bas quelques femmes qui, elles aussi, avaient senti le besoin d'offrir leur aide, et elles se sont mises à faire des sandwichs pour les équipes de secours. Celles-ci n'étaient pas trop nombreuses au départ, mais elles ont rapidement augmenté et leurs membres se comptaient par centaines. En quelques jours, cette femme réceptionnait des camions entiers de repas et dirigeait des dizaines de volontaires.

« J'ai vécu une expérience extraordinaire, a-t-elle déclaré par la suite, et j'espère ne pas être mal comprise en disant que j'ai finalement passé là-bas les cinq plus belles journées de ma vie. »

Si cette tragédie est devenue pour elle un moment lumineux, c'est parce qu'elle a permis à son cœur de trouver le chemin des autres. Un fil la relie désormais à la vie que nous partageons tous. C'est ce lien qui manque à tant d'entre nous, mais chacun doit trouver la volonté d'en dérouler le premier brin.

Même si votre ego proteste en criant que vous avez trop mal, vous devez regarder plus loin. Offrir votre aide aux autres vous sortira de l'isolement qui est l'une des principales sources de votre souffrance. Je me souviens d'une femme qui s'est levée un jour au cours d'une conférence et qui m'a demandé :

– Comment puis-je me débarrasser de cette horrible douleur qui me broie le cœur ? Il y a vingt ans qu'elle me fait souffrir, depuis que j'ai perdu un enfant.

J'avais donné des réponses précises à des questions similaires, mais, cette fois, j'ai laissé échapper :

– Il faut que vous cessiez d'y penser comme à *votre* douleur.

Je m'attendais à ce qu'elle ait l'air choqué ou blessé, mais elle m'a regardé d'un air incrédule, comme si elle sentait qu'il y avait quelque chose de vrai dans ces mots. Ma douleur ? Bien sûr que c'est la mienne ! À qui d'autre pourrait-elle être ?

Et si cette souffrance qui vous semble vôtre n'était pas en réalité à vous ? (En disant cela, je ne veux pas rabaisser la souffrance personnelle, mais simplement la replacer dans un contexte plus large qui peut aider à la soulager.) La vérité est que la peur et la colère existent à l'extérieur de nous. Elles ne sont ni à vous ni à moi, à moins que nous ne les attirions. La négativité est un parasite invisible qui a besoin d'un hôte pour subsister, et cet hôte est l'ego. Dans votre petite enfance, à mesure que vous appreniez à vous agripper à *mon* jouet, *mon* bonbon, *mon* plaisir, *mon* bonheur, votre ego s'accrochait en même temps à leur opposé : *mon* genou écorché, *ma* poupée cassée, *ma* tristesse, *ma* souffrance. C'est en faisant de ces expériences « mes » expériences que vous avez bâti votre moi et développé votre sentiment d'identité individuelle. Puis, en grandissant, vous avez peu à peu appris à envisager ce moi dans un contexte plus large, celui de l'humanité. Mais quand une tragédie nous frappe, nous régressons souvent à ce tout premier stade de notre développement.

Pour neutraliser cette tendance, nous devons nous tourner vers l'esprit. Car l'esprit peut faire une chose que votre ego, même s'il en a envie, ne peut accomplir tout seul. L'esprit peut aider l'ego à s'échapper du piège douloureux du « je », du « moi » et du « mien ». Il peut sembler étrange que le mécanisme qui a construit notre moi séparé veuille lui échapper, mais c'est la réalité. Si l'ego veut ce qui est le mieux pour « moi », il est également animé par une autre force subtile qui veut ce qui est le mieux pour tous (ce qui est le mieux pour tous étant en définitive ce qui est le mieux pour moi). Laissez cette force s'exprimer et vous découvrirez que les murs de votre isolement n'étaient pas aussi solides que votre souffrance vous le faisait croire.

J'ai senti les larmes me monter aux yeux juste après l'effondrement des tours du World Trade Center, lorsqu'un reporter a interviewé une femme qui venait juste d'émerger en courant des tourbillons de poussière étouffante dont l'air était saturé. Il essayait de faire son travail, et elle faisait de son mieux pour ne pas s'effondrer.

– Pouvez-vous nous décrire ce que vous avez vu ? lui a-t-il demandé.

Il tenait le micro sous son visage, et la femme s'efforçait de trouver les mots pour bien répondre, quand brusquement ses traits se sont contractés et elle a fondu en larmes. Le reporter n'a pas dit « coupez la caméra » ou « allez-y, prenez votre temps ». Au lieu de parler, il a passé le bras autour de ses épaules et, devant tous les yeux qui la regardaient dans le monde, elle a pleuré sans pouvoir s'arrêter. Il l'a laissée faire aussi longtemps qu'elle a voulu, et j'ai pleuré moi aussi.

L'esprit nous donne accès à une émotion qui ne peut être ressentie si l'on reste isolé – la compassion. Compatir veut dire « souffrir avec » et c'est pour cela que beaucoup de gens en ont peur. Un soir, à Boston, à la fin d'une journée grise et pluvieuse, une personne de l'assistance m'a demandé :

– Comment puis-je ressentir de la compassion pour les victimes de cette tragédie sans que cela me fasse souffrir ? Je ne veux pas avoir mal, je veux simplement leur offrir amour et paix.

C'était une question très honnête, et j'espère avoir répondu avec la même honnêteté.

– Pourquoi refuser de ressentir leur souffrance ? Laissez-la entrer en vous et n'ayez pas peur d'avoir mal. On cherche à se protéger de la souffrance d'autrui quand on craint pour sa propre sécurité et, à cause de cette peur, on se réfugie derrière des murs qui nous isolent. En réalité, votre souffrance et celle des victimes forment une seule et unique souffrance que vous partagez, et c'est cela qui fait de vous des êtres humains.

Si la compassion est l'un des sentiments les plus valorisés et respectés, c'est parce qu'elle s'avance résolument vers la ligne de front de la souffrance en disant : « Prends-moi. » Ce don de soi comporte une expérience douloureuse, mais il nous fait aussi découvrir l'amour. Car la compassion a le pouvoir de dissiper la souffrance sans chercher à l'éviter, en faisant confiance à la merveilleuse protection que nous offre l'amour. Et c'est cette découverte – l'amour est plus fort que n'importe quelle souffrance – qui sera votre meilleure défense.

ANATOMIE DE LA PEUR

La souffrance des victimes du 11 septembre a été bien évidemment terrible, mais nous avons souffert nous aussi. Nous avons tous ressenti l'étreinte glacée de la peur, même si nous n'étions pas directement menacés. L'incertitude et l'insécurité sont devenus des sentiments courants qui n'ont toujours pas quitté nombre d'entre nous, du moins pas complètement. Le processus naturel du deuil fait remonter à la surface des couches de peur et de souffrance, et si on ne le laisse pas se dérouler ou si on l'interrompt, le traumatisme devient une blessure profonde et chronique. Or la peur d'avoir mal génère une résistance et donne à chacun l'envie de sauter cette étape.

« Nous nous sommes tous endormis pendant les années 90, a dit un jeune homme après les attentats terroristes. Nous avons vécu dans une bulle qui nous protégeait et nous ne nous sentions pas menacés. L'avenir était radieux et la prospérité inépuisable. Je sentais bien qu'il y avait là quelque chose d'artificiel, mais je ne m'attendais pas à ce que cette bulle soit percée de l'extérieur. Et maintenant personne ne sait plus quoi faire. »

Face à la tragédie, l'émotion qui a surgi tout

naturellement était la colère et, comme tous les sentiments, elle ne doit pas être niée. Mais elle ne peut rien faire pour soulager une blessure profonde et complexe.

Il faut du courage pour guérir. Dans notre enfance, les choses qui nous faisaient peur n'étaient pas réelles, même si nous n'en avions pas conscience à l'époque. La nuit quand nous faisions des cauchemars, nos parents venaient nous consoler et nous rassurer en nous disant que le grand méchant loup n'existait pas. Ils nous protégeaient contre les fantasmes de notre imagination.

Un adulte qui a peur voudrait lui aussi se sentir protégé, et il lui est souvent difficile de distinguer fantasmes et réalité. Face à tous ces attentats – World Trade Center, Washington et crash de Pennsylvanie –, le gouvernement a réagi en criant vengeance et en jurant de châtier le terrorisme partout dans le monde. Les patriarches de notre société ont essayé d'être de bons parents et de nous donner ce sentiment de protection, mais nos ennemis, ont-ils dit, étaient invisibles et se cachaient dans l'ombre. Personne ne les connaissait vraiment et, au bout d'un moment, il a été facile d'imaginer qu'ils nous guettaient partout. Cette protection nous a donc été retirée au moment même où nous en avions besoin. Dans les jours qui ont suivi, la Bourse a baissé. Les avions volaient à nouveau mais, dans les aéroports, j'entendais partout des rumeurs sur l'effondrement de l'économie. La confiance déclinait rapidement.

Comme j'écris ces lignes une semaine après la

tragédie, je ne sais pas comment va évoluer ce pessimisme général. On a actuellement l'impression que cet état d'esprit risque d'empirer et de ne pas s'améliorer avant longtemps. Freud disait qu'il n'y a pas d'émotion plus pénible que l'angoisse car, une fois qu'elle est là, elle refuse de s'en aller. Face à la terreur, on ne réfléchit plus. Les systèmes de défense de notre organisme déclenchent la sirène d'alarme et la peur nous empoigne. Cette sensation physique est notre meilleure alliée dans les moments critiques car elle provoque les modifications hormonales associées à la réaction de fuite-ou-riposte. Nous ne savons pas comment nos ancêtres réagissaient sur le plan psychologique face au danger, mais il est évident que leur corps était équipé pour se défendre ou pour s'enfuir.

Quand la situation menaçante persiste, la peur suit une spirale vers le bas. On le voit dans les familles où les enfants ne peuvent échapper à la maltraitance, mais c'est peut-être encore plus évident en temps de guerre.

« Au milieu des années 90, m'a raconté récemment un homme, je suis parti en mission humanitaire à Sarajevo. Le spectacle était horrible. Les snipers tiraient sur les passants et l'artillerie pilonnait la ville tous les jours. Les gens qui marchaient dans la rue savaient qu'ils pouvaient mourir en faisant leurs courses au marché ou en se rendant à leur travail.

« Dans cet enfer créé par l'homme, j'ai ressenti la peur incessante, celle qui ne vous lâche pas un instant. Que vous mangiez au restaurant ou preniez un café dans un bar, la vie normale n'est qu'une sorte d'écran très fin derrière lequel la seule réalité est la peur. Mon cœur battait la chamade au moins dix fois par jour et il était presque impossible de s'endormir la nuit, à moins d'être suffisamment épuisé pour ne pouvoir faire autrement. »

Les journalistes qui enquêtent dans les zones de conflit connaissent bien ces sensations. Mais les personnes vivant sur place peuvent avoir des réactions très différentes face à la peur, comme me l'a ensuite raconté cet homme :

« La population de Sarajevo avait souffert beaucoup plus longtemps et intensément que moi qui étais un simple visiteur. Et, curieusement, certains avaient l'air normaux et se montraient presque joyeux, alors que d'autres paraissaient plongés dans une profonde léthargie et vivaient comme des somnambules. Les hommes avaient tendance à canaliser leur peur en colère. Ils parlaient tous d'ennemis et de vengeance, et leur objecter que la violence engendre la violence risquait de susciter leur fureur.

« Les femmes, elles, sombraient dans une profonde tristesse due à leur sentiment d'impuissance. On n'a aucune idée de la gaieté et de la légèreté que la présence des femmes donne à notre existence quotidienne tant qu'on n'a pas ressenti ce manque. À Sarajevo, rien n'était gai et léger. Il me semblait presque que je ne verrais plus jamais de jeunes filles confiantes et joyeuses et que cette grisaille sans fin durerait toujours. »

Nous allons maintenant examiner séparément chacun des symptômes de la peur, car le mode de guérison diffère selon le niveau d'angoisse et les réactions individuelles de la personne.

Choc et engourdissement

Notre mental se protège habituellement d'une menace en l'ignorant et en la niant. Même si le drame était facilement prévisible – comme l'accident cardiaque d'une personne qui a une alimentation trop riche, qui fume et qui ne fait jamais d'exercice –, celui qui apprend qu'il a une maladie mortelle reçoit un choc. Pour peu qu'il ait jusque-là réussi à ignorer le problème, une énorme vague d'angoisse refoulée fait irruption d'un seul coup. Le stress est alors trop important pour être intégré et l'engourdissement permet au mental d'endiguer temporairement le flot.

Au bout d'un certain temps, les énergies refoulées de colère, de peur et de chagrin cherchent de nouveau à sortir et cette première phase de choc et d'engourdissement prend normalement fin. Mais certains se bloquent et choisissent de rester engourdis. Cette résistance leur paraît le seul moyen de survivre et leur monde intérieur se resserre. Aucun de nous ne peut prétendre s'être complètement libéré des traumatismes de son passé, et les psychiatres découvrent de grosses poches de souffrance chez des personnes qui croient n'avoir que des insomnies ou des difficultés relationnelles. Le problème de l'engourdissement est beaucoup plus vaste que nous le pensons.

Ceux qui imposent ces limites à leur conscience restreignent leur liberté sur de nombreux plans. Elles sont comme un étau invisible qui étrangle leurs réactions émotionnelles et réduit leur potentiel vital au strict minimum. Et même si elles ont l'air abstraites, elles engendrent toute une série de problèmes dont le premier est l'insensibilité : quand on se force à ne rien ressentir, on ne peut faire preuve de sensibilité face aux autres. On ne peut se mettre à leur place et comprendre ce qu'ils éprouvent. On ne s'intéresse pas au point de vue d'autrui. Les individus insensibles ont l'air distants, comme coupés de leurs semblables. Ils semblent se moquer des sentiments des autres, mais ils sont tout simplement incapables de s'en préoccuper. Leur conscience étriquée est entièrement focalisée sur la gestion de leur propre détresse, consciente ou inconsciente.

Impuissance et vulnérabilité

Quand le choc initial s'apaise, le mental essaie généralement de rétablir son vieux système de défense qui, le plus souvent, ne marche plus. L'intensité du stress est trop forte. Les émotions qui remontent refusent d'être à nouveau repoussées et enfouies. On sent qu'on n'a plus de défenses contre sa propre peur et on commence à se sentir vulnérable, ce qui est un sentiment très sain car il montre qu'on n'est pas coupé de soi-même ni des autres. Mais il est très difficile de vivre avec ce sentiment d'impuissance, et la peur qu'il suscite peut prendre une telle ampleur que le mental se bat pour reprendre le dessus.

Panique

Si l'on ne parvient pas à se ressaisir, l'étape suivante est la panique. La panique surgit lorsque le mental est si tourmenté par l'angoisse qu'il perd toute cohérence et laisse la peur déferler en brisant toutes les barrières. Notre système corps-esprit étant conçu pour rétablir l'équilibre à tout prix, cette incohérence est momentanée. La panique est l'une des sensations les plus terrifiantes que l'on puisse éprouver, mais elle ne dure jamais longtemps.

Certaines personnes souffrent de crises de panique inexpliquées provenant de souvenirs traumatisants. Ces réminiscences les déclenchent comme s'il s'agissait d'événements extérieurs, et la réaction en chaîne se déroule automatiquement. De vieilles images peuvent ainsi vous faire du mal longtemps après que vous les avez vues et il est très important de protéger les jeunes enfants des scènes terrifiantes que montrent les médias pendant les catastrophes. Ceux qui semblent ne pas réagir ajournent seulement leurs réactions. J'ai moi-même grandi au cours de la guerre froide et, comme toute ma génération, je peux témoigner de l'horreur que j'ai ressentie pendant des années après avoir vu des photos d'essais atomiques, mais je ne me rappelle pas avoir manifesté la moindre peur devant mes parents. Je la gardais pour moi, ce qui la rendait encore plus effrayante.

Aussi aiguë qu'elle soit, la panique n'est pas proportionnelle à la gravité des événements extérieurs, comme le montre ce qui s'est passé dans les avions des attentats terroristes et dans les tours du World Trade Center. Quand ils se savent condamnés, les gens deviennent très calmes et se tournent vers les autres pour leur dire qu'ils les aiment. Ce calme engendre également des actes de bravoure : on sait par les appels téléphoniques des passagers de l'avion qui s'est écrasé en Pennsylvanie que certains d'entre eux se sont opposés aux terroristes, alors même qu'ils étaient certains de mourir.

Colère

La colère est souvent une émotion primaire mais, lorsqu'elle résulte de la peur, elle est une défense secondaire. Les gens se mettent en rage parce qu'ils sont incapables de surmonter leur sentiment d'impuissance. Cette fureur a deux objectifs. Elle leur donne l'impression de reprendre le contrôle de la situation, ce qui leur évite de céder à la panique. Et elle oriente les émotions vers l'extérieur en désignant un ennemi visible qu'ils peuvent attaquer.

On ne peut s'en libérer sans prendre d'abord conscience de l'émotion qui la précède. Si l'on comprend que l'émotion primaire est un sentiment d'impuissance, ce qui est normal face à un attentat terroriste, la colère peut être abordée et gérée pour ce qu'elle est – une défense. Mais si l'on refuse d'admettre son impuissance et si l'on se comporte comme si on pouvait tout contrôler, la colère paraît constituer la « bonne » réponse. Il en faut alors très peu pour basculer dans l'intolérance et la violence.

Angoisse

La peur chronique, celle qui vous réveille la nuit et vous saisit à l'improviste dans la vie quotidienne, porte le nom d'angoisse. C'est l'une des formes de souffrance les plus répandues dans notre société, où elle est depuis longtemps présente, même si elle s'est amplifiée après les attentats terroristes. L'angoisse est considérée comme une frayeur sans objet qui peut être traitée médicalement, quoique les tranquillisants ne la guérissent pas vraiment. Selon son intensité, elle peut soit vous rendre simplement nerveux et tendu, soit vous submerger de terreur sans raison apparente.

La peur se transforme en angoisse quand la menace perd son caractère immédiat sans pouvoir être oubliée. L'angoisse se fonde donc sur la mémoire. Elle émerge de notre monde intérieur mais, puisqu'elle provient de réactions primitives au danger physique, elle reste liée aux événements extérieurs. Une femme qui apprend que la grosseur qu'elle a au sein est maligne plonge aussitôt dans l'angoisse, et celle-ci risque de la tenailler jusqu'à ce qu'elle retrouve la santé.

Dépression

La dépression comporte toujours une dimension sous-jacente de peur et d'angoisse – même si cela ne se voit pas. Elle est une souffrance dirigée contre soi. Il suffit de regarder les expressions du visage des personnes dépressives pour comprendre qu'elles se sentent terriblement abattues, isolées, épuisées et malheureuses. Leur attitude face à la vie est passive et résignée. Nous avons tendance à l'oublier et à considérer la dépression comme une faiblesse, en particulier la nôtre : puisque les autres réussissent à trouver le bonheur dans l'existence, c'est sûrement de notre faute si nous n'y parvenons pas. Ce jugement génère des sentiments de culpabilité et les gens dépressifs ont souvent l'horrible impression de décevoir leur famille et leurs amis. Ils se voient comme des rabat-joie qui gâchent la vie des autres.

En examinant la dépression sans parti pris, on voit qu'elle est généralement la dernière ligne de front contre la peur. Les personnes dépressives sont sur le point d'abandonner et certaines tentent effectivement parfois de mettre fin à leurs jours. Mais, avant ce stade, la dépression est une dernière défense où le mental cherche à se protéger en réduisant son activité au minimum et en assurant la simple survie. Quoique le mot « dépression » soit souvent employé inconsidérément comme s'il s'agissait d'un rhume ou d'une migraine, il a pour moi une connotation profondément pathétique. Un individu dépressif me fait penser à un magnifique cheval de course gravement blessé. Il existe tant de possibilités merveilleuses pour un être humain que le voir ainsi se fermer et presque s'éteindre me serre le cœur.

Comment faut-il alors se comporter face aux nombreux aspects de la peur ? Quel que soit le stade où l'on en est, on peut s'en libérer et, pour commencer, on doit s'ouvrir aux autres et en parler librement et franchement. Si cela vous est impossible parce qu'on vous a inculqué que la peur était un signe de faiblesse, parlez de cette difficulté. La culpabilité est un énorme obstacle à cet égard, de même que la honte. Mais vous devez trouver une issue, et la meilleure méthode me paraît la suivante :

Acceptez votre peur en la vivant comme une sensation physique.

Réfléchissez au fait que cette sensation provient d'une accumulation d'énergies anciennes.

Demandez à toutes ces énergies refoulées de sortir de votre corps.

Aidez-les à s'en aller jusqu'à ce que vous ayez évacué celles qui étaient prêtes à le faire.

Chaque phase du processus a sa propre technique. Commencer par ressentir la peur sous forme de sensation physique la fait sortir du plan mental. La peur a une voix. Elle imagine toutes sortes de scénarios catastrophiques et nous parle sans cesse de tous ces dangers. Cette voix est extrêmement persuasive, mais ses mots sont associés à des réactions corporelles. Or celles-ci sont plus objectives et plus faciles à évacuer que des pensées qui vont et viennent librement et dont l'intensité augmente dès qu'on tente de leur résister.

Commencez par localiser les sensations corporelles associées à votre peur. Ce sont souvent des tensions musculaires et vous devez explorer les zones sensibles du cou, du front, de la poitrine, du creux de l'estomac et du bas du dos. Elle peut également entraîner une faiblesse ou une lourdeur dans les membres. Chaque fois que vos pensées s'accélèrent, il est probable que votre tension artérielle s'élève, mais il est impossible de le ressentir physiquement. Concentrez-vous sur les sensations que vous pouvez localiser et que vous associez à toutes les formes de peur ou d'angoisse – accélération cardiaque, estomac noué, faiblesse des genoux, jambes en coton, etc.

Ces sensations sont le reliquat biologique de l'expérience. Lorsque vous vous souvenez d'une scène qui vous a effrayé, votre corps la revit aussi intensément que votre esprit et, au lieu de simplement vous la remémorer, vous ressentez de nouveau les symptômes que vous aviez éprouvés sur le moment. L'étreinte glacée de la peur vous saisit à nouveau, avec toutes les manifestations physiques qui accompagnent cette énergie – une énergie qui, dans l'optique de la guérison, est plus importante que les pensées qui l'accompagnent. Comme un caillou dans votre chaussure, une énergie perturbatrice vous rappelle sa présence par des signaux de douleur. Il ne sert à rien de simplement penser que ce caillou vous fait mal. Tant que vous ne l'aurez pas enlevé – tant que vous n'aurez pas supprimé la source de l'énergie –, vous continuerez à souffrir. De même, la peur et l'angoisse génèrent d'innombrables pensées, mais tant que vous n'aurez pas évacué l'énergie, lutter contre les pensées n'apportera aucun soulagement durable. La peur trouvera simplement d'autres idées auxquelles s'associer.

Vous devez donc demander à cette énergie indésirable de s'en aller en l'aidant à partir. Cette démarche cruciale peut prendre de nombreuses formes :

Adoptez une respiration profonde et détendue

Descendez jusqu'en bas du ventre à chaque inspiration, puis expirez naturellement comme si vous poussiez un soupir.

Écoutez

Demandez à cette énergie ce qu'elle veut que vous sachiez. Nous avons tous des milliers de souvenirs traumatisants ayant chacun sa propre histoire. Ouvrez-vous largement pour mieux voir et entendre d'où provient cette énergie. En recevant ces messages et ces images, vous comprendrez mieux votre peur et pourrez ainsi plus facilement vous en libérer.

Bougez

Les énergies bloquées sont gelées ; elles sont comme des bancs de glace dans le fleuve de la conscience ou ressemblent aux dépôts lipidiques qui s'agglutinent dans les artères. Il faut donc les faire fondre ou les remettre en mouvement et, sur ce plan, l'exercice physique peut s'avérer utile. Courir ou bouger est un bon moyen de libérer les tensions superficielles. Quant aux énergies profondes, elles réagiront si vous les manifestez physiquement – par exemple en tremblant de tous vos membres ou en vous tordant de douleur, si c'est ce que vous ressentez, ou en tapant des pieds et gesticulant des bras si l'énergie coincée provient de la colère.

Émettez des sons

L'angoisse s'exprime par des sons inarticulés car les mots sont trop faibles pour exprimer l'intensité des sentiments. Sa voix préfère hurler, gémir, grogner, se plaindre et s'étrangler dans les sanglots. Lorsque vous ressentez les sensations profondes associées à votre peur, laissez ce genre de sons sortir naturellement de vous, sans forcer. (Crier dans un oreiller peut s'avérer très utile.)

Pratiquez le « toning »

Quand vous ressentez une sensation corporelle, émettez la note qui lui correspond, puis laissez l'énergie la faire monter ou descendre comme elle le veut. Si cette pratique vous semble étrangère, commencez avec le *mmhmmh* de satisfaction qui vous vient spontanément lorsque vous pensez à quelque chose de délicieux. C'est une des sonorités du *toning*, et vous en connaissez beaucoup d'autres, comme les soupirs énervés, les grognements de déception et les exclamations gutturales qui accompagnent l'effort physique. Sans doute avez-vous abandonné depuis longtemps les expressions du chagrin, ses gémissements, et encore plus les sanglots du bébé qui secouent tout son corps, mais vous pouvez les retrouver. Il y a aussi le hurlement qui est notre première réaction quand on reçoit un coup, surtout s'il nous prend par surprise. Tel est notre arsenal contre la peur et, comme ces cris et ces exclamations impliquent directement notre corps ainsi que les centres émotionnels du cerveau, ils ont le pouvoir de localiser le chagrin, de l'exprimer, et finalement de l'évacuer.

D'après mes observations, un autre élément crucial conditionne l'élimination de la peur. Nous exprimons plus facilement nos angoisses intimes et secrètes lorsque nous sommes en confiance. Être en confiance veut dire que notre interlocuteur nous donne une assurance de sécurité et que nous le croyons. Les deux choses sont nécessaires : l'ouverture émotionnelle de la personne à laquelle on va se confier et notre propre faculté de mise en confiance.

Le problème est de savoir vers quoi se tourner pour trouver cette confiance. On doit d'abord avoir confiance en soi pour ne pas bloquer sa propre expression. Nous nous sentons tous inhibés et avons du mal à nous laisser aller. Tournez votre regard vers l'intérieur et demandez-vous si vous avez une de ces convictions :

Je souffre depuis si longtemps qu'il est trop tard pour changer.

J'attends que quelqu'un remarque ma souffrance.

Souffrir veut dire que je suis vivant.

Je mérite ce qui m'arrive.
Pourquoi quelqu'un ne me sauverait-il pas ?
J'ai terriblement besoin d'être aimé.
Je n'y comprends rien.

Chacune de ces attitudes vous donne une raison de prolonger votre souffrance et d'empêcher son élimination. Et en vous répétant ces justifications, vous renforcez les murs qui vous emprisonnent. Plus vous vous accrocherez à ces croyances, plus les énergies piégées seront refoulées, et plus elles s'intensifieront. Le cycle de la dénégation et de la souffrance doit être rompu. Renoncez aux croyances négatives qui ont édifié les remparts du refoulement et efforcez-vous d'adopter un autre point de vue, même si vous n'y croyez pas encore vraiment. Chacune des affirmations positives suivantes annule une conviction négative.

Peu importe que je souffre depuis si longtemps, car je peux changer.

Peut-être que les gens ne remarquent pas ma souffrance ou ne la prennent pas au sérieux, mais moi je sais que je souffre et cela suffit.

Loin de me tenir en vie, ma souffrance me coupe d'innombrables possibilités et m'empêche de les vivre.

Je mérite de guérir.

Je n'ai pas besoin qu'on me sauve, mais qu'on m'aide. Il y a toujours quelqu'un qui offre son aide.

J'ai désespérément besoin d'être aimé et il est

temps de trouver la bonne personne, quelqu'un qui peut écouter ce que je dis et répondre à ma demande.

Peut-être que je ne comprends pas ce qui m'arrive maintenant, mais si je prends le chemin de la guérison, je le comprendrai plus tard.

Ce changement d'attitude vous ouvre toutes sortes de perspectives. Gardez cette liste de croyances à portée de la main et relisez-la quand vous vous sentez découragé. Discutez avec ceux qui ont réussi à changer d'idée et à devenir plus positifs. Prenez une phrase de cette liste et consacrez toute une journée à réfléchir à la manière dont cette conviction a affecté votre vie ; efforcez-vous le lendemain de la remplacer par une croyance plus bénéfique. Tenez un journal dans lequel vous racontez les circonstances où ces opinions négatives vous influencent, et celles où ce sont les positives qui l'emportent. Changer de système de croyance est un combat que l'on doit mener sur deux fronts.

Si la lecture d'un des énoncés négatifs éveille en vous de la colère ou une autre forme de résistance, prêtez-lui particulièrement attention : il a touché un point sensible. Si vous êtes persuadé que vous ne pouvez pas changer, le fait qu'on vous affirme le contraire va réveiller les sentiments de frustration, de rage, d'apitoiement sur soi et de défaitisme qui accompagnent la résignation et le désespoir. Extériorisez ces sentiments. Mettez-les par écrit. Asseyez-vous devant votre ordinateur et tapez un titre du genre « Pourquoi je ne changerai jamais » ou « Pourquoi personne ne voit que je souffre ». Laissez s'exprimer toutes vos certitudes sur le fait qu'on vous a fait du mal, qu'on vous a négligé, qu'on vous a ignoré et que vous n'êtes qu'une pauvre victime. Ne portez pas de jugement sur ce que vous écrivez et ne faites pas de corrections. Tant que vous n'aurez pas vu en face ce que vous ressentez – et non ce que vous devriez ressentir –, vous ne pourrez pas guérir.

Le moment venu, vous sortirez du tunnel et serez plein d'enthousiasme à l'idée d'actualiser un nouveau système de croyances.

Tout au long du voyage, vous devez garder en tête la même consigne : ne rien faire en force. Appréciez la moindre petite lueur, la plus petite ouverture. Chaque brique que vous enlèverez du mur vous semblera peu de chose, jusqu'au jour où toute la prison s'effondrera.

Faites preuve de douceur et de patience envers vous-même. Ne vous laissez pas égarer par la colère. Une fois que vous aurez compris les causes de votre colère et de votre frustration, ne vous indignez plus. Cherchez plutôt des solutions à votre problème et efforcez-vous de trouver sa véritable origine, qui est toujours la peur. Se frayer un chemin dans le labyrinthe de l'angoisse ou de la dépression peut prendre des années, mais si vous êtes déterminé, guérir prendra bien moins de temps qu'il en a fallu pour creuser les blessures, et vous serez rapidement soulagé de votre souffrance. À peine vous serez-vous engagé dans ce processus que vous sentirez déjà la progression de votre guérison.

La peur peut être dissipée, même si elle est profondément ancrée, mais elle doit être respectée jusqu'à ce que vous trouviez le moyen de vous en délivrer. Essayez de vous rappeler si vos parents parvenaient à vous parler de leurs peurs, leurs chagrins et leurs angoisses. (Je fais référence à leur propre souffrance et non à celle que vous leur avez éventuellement causée par votre attitude, quoiqu'elle puisse vous donner également des indications.) Si vous vous souvenez que votre père ne montrait jamais la moindre inquiétude, même en cas de manque d'argent, de difficultés professionnelles ou de graves problèmes de santé, vous avez intégré une frontière que vous avez sans doute du mal à franchir maintenant que vous êtes adulte. Si votre mère souffrait en silence ou acceptait passivement les situations angoissantes sans chercher de solution, vous avez là aussi enregistré une limite qui vous bloque depuis votre enfance.

Les frontières émotionnelles se transmettent ainsi d'une génération à la suivante, et les thérapeutes doivent parfois travailler des années avec leurs patients avant qu'ils ne puissent s'ouvrir. Vous devez respecter vos défenses tout en cherchant à les dissoudre. Les murs intérieurs ne s'effondrent pas – ils fondent. Personne ne vous demande de vous lancer bravement à l'assaut de vos remparts et de les abattre comme à la guerre ! Vos meilleures armes sont la bonne volonté, l'honnêteté et la patience.

Après avoir retrouvé confiance en vous, vous devez à présent faire confiance à quelqu'un d'autre. La guérison n'est pas une simple question de travail solitaire. Mais ne placez pas automatiquement en tête de liste votre meilleur(e) ami(e), votre conjoint ou votre grande sœur. Cherchez quelqu'un de disponible sur le plan émotionnel, quelqu'un de tolérant, qui reconnaît ses propres défauts, qui a une bonne écoute et qui n'impose pas ses jugements aux autres. C'est à ce genre de personne que vous allez pouvoir faire confiance. Allez la voir et demandez-lui si vous pouvez partager avec elle des problèmes dont vous avez vraiment envie de parler. La notion de partage est cruciale car, en lui demandant de se montrer ouverte envers vous, vous devrez en contrepartie avoir la même attitude envers elle. Si vous vous sentez vraiment très mal, vous pouvez néanmoins lui demander de vous accorder un moment privilégié où vous ne parlerez que de vous, ce qui implique bien sûr que vous soyez à votre tour disponible le jour où elle en aura besoin. Faites preuve de délicatesse et veillez à ne pas aller trop loin en déversant tous vos problèmes dans son oreille compatissante. Ne lui demandez pas conseil. Son soutien et sa sympathie doivent vous donner suffisamment confiance pour commencer le processus de libération que vous devrez ensuite continuer tout seul. Votre but doit être d'oser exprimer ce que vous aviez jusqu'à présent caché par timidité, pudeur ou honte, afin de préparer le terrain pour affronter ces énergies.

Peut-on facilement trouver ce genre de personne dans son entourage ? Malheureusement non. Alors que faut-il faire ? La réponse est double. Premièrement, vous pouvez demander l'aide d'un professionnel qui saura vous mettre en confiance et respecter votre propre ressenti – celui du cœur et non celui du mental – ainsi que l'allure à laquelle vous avancez. Il doit être suffisamment ouvert pour accepter les énergies négatives que vous voulez faire sortir. Deuxièmement, il existe une loi spirituelle dont j'ai vérifié la justesse au fil des années : quand on est prêt, quelque chose nous met sur la voie. Faites confiance aux personnes que la vie place sur votre chemin ; affrontez vos énergies négatives aussi honnêtement que possible ; respectez vos limites et celles d'autrui. À mesure que vous enlèverez une couche après l'autre du mur qui vous emprisonne, celui ou celle qui peut vous guider apparaîtra presque miraculeusement au moment même où vous en aurez besoin.

POURQUOI ? DITES-MOI POURQUOI

Quand quelqu'un vous demande de le réconforter dans un moment de crise, je suis sûr qu'il vous pose toujours la même question : pourquoi ? Notre esprit ne peut accepter un malheur dû à un concours de circonstances, car la vie perd alors tout son sens. Un commentateur de la catastrophe de New York a fait cette remarque quelques jours plus tard : « C'est arrivé il y a une semaine à peine, mais j'ai vu des types mendier à nouveau sur Broadway et d'autres distribuer devant Penn Station des prospectus pour un spectacle de strip-tease. Les sauveteurs creusent toujours à mains nues dans les ferrailles et les gravats, mais la vie a malgré tout repris son cours parce que les gens veulent lui retrouver un sens. Toute cette tragédie n'a pour eux aucun sens. Nous allons enquêter sur les faits, bien sûr, mais ce n'est pas pour autant qu'elle aura un sens. »

Le même dilemme hante toutes les victimes, que leur souffrance soit causée par un acte criminel, une maladie, une injustice ou un deuil. Pourquoi cela m'arrive-t-il à moi ? Qu'est-ce que j'ai fait pour le mériter ? Si Dieu existe, comment a-t-il pu laisser se produire ces événements ? Face à ce mystère, trois grandes réponses ont émergé, que l'on retrouve dans toutes les cultures.

PREMIÈRE RÉPONSE : *la souffrance est inévitable – elle fait partie de la vie.*

DEUXIÈME RÉPONSE : *la souffrance est anormale – elle résulte de nos péchés et de nos mauvaises actions.*

TROISIÈME RÉPONSE : *la souffrance contient un message spirituel secret – elle persiste tant qu'il n'est pas compris.*

La première réponse – la souffrance fait inévitablement partie de la vie – se fonde sur l'observation de la nature. Toutes les créatures naissent et meurent, et entre ces deux pôles, elles luttent pour rester en vie. Notre corps physique est exposé à toutes sortes de dangers, dont les plus visibles sont la famine, la violence, les accidents, le vieillissement et la mort. Les restes d'hommes préhistoriques que l'on a exhumés montrent que leurs corps ont connu toutes ces souffrances. Il semble donc parfaitement naturel que vous et moi devions souffrir, tout simplement parce que la nature a ainsi conçu la vie animale. Cette vision fataliste prétend que, même si les êtres humains se sont battus pendant des siècles contre la famine et la maladie, d'autres causes de souffrance, comme la guerre et la violence, se sont avérées incurables. Après les terribles événements du 11 septembre, je pouvais entendre en moi et chez les personnes de mon entourage la voix de la résignation qui disait : « Tu peux faire tout ce que tu veux, tu n'arriveras jamais à délivrer la nature humaine de toute cette haine et toute cette violence irrationnelles. » Cette voix est celle de la première réponse, qui dit que la souffrance est inévitable.

La deuxième réponse – la souffrance est anormale et résulte de nos péchés et de nos mauvaises actions – affirme exactement le contraire. Au lieu d'invoquer la menace extérieure des forces naturelles, elle déclare que notre souffrance provient de l'intérieur. Les choix que nous faisons quand nous agissons mal reviennent nous tourmenter, car les êtres humains sont les seules créatures qui sont tenaillées par la culpabilité et la honte. Ils souffrent, par exemple, s'ils commettent un meurtre, alors que les animaux ne montrent aucun remords lorsqu'ils font preuve de violence. La souffrance fondée sur la notion de péché est beaucoup plus pénible que la simple douleur physique. Elle génère l'angoisse et la dépression qui sont des phénomènes mentaux mystérieux, car ils hantent même l'esprit de ceux qui n'ont rien fait de mal. La simple sensation de mal agir peut provoquer un intense sentiment de culpabilité. Quoi qu'il en soit, la créature qui peut commettre un péché peut également choisir de bien agir, et la seconde réponse est en fait optimiste. Malgré l'évidence des siècles passés, nous rêvons toujours de rédemption. Toutes les religions veulent mettre un terme à la souffrance humaine en nous faisant retrouver notre innocence perdue ou en nous emmenant au paradis. La deuxième réponse est donc idéaliste. Dans les moments qui ont suivi le 11 septembre, j'entendais une voix me dire : « Ne relâche pas tes efforts, tu n'as rien à voir avec cette horrible manifestation du mal. Toi, tu es bon, et ton esprit peut la transcender. » Cette voix est celle de la deuxième réponse qui dit que la souffrance est anormale.

La troisième réponse – la souffrance contient un message spirituel secret – diffère fondamentalement des deux autres. Elle déclare que de la souffrance peut jaillir l'amour. L'amour est le message caché dans toutes les formes de peur ou de douleur, aussi horrible que vous paraisse ce que vous vivez. L'idée que la souffrance contient un message spirituel transcende le fatalisme et l'idéalisme car la distinction entre extérieur et intérieur – entre physique et mental – disparaît. Elle propose une autre vision de l'être humain, celle d'un esprit qui a choisi de « monter sur les planches » du monde sensible pour incarner son rôle dans les mises en scène de l'âme. Parfois la pièce est souriante et joyeuse ; parfois c'est une tragédie pleine de douleur et de chagrin. L'esprit est au-dessus de ces circonstances. Il est la douce et subtile musique de la vie elle-même. Au moment des catastrophes du World Trade Center et du Pentagone, une voix silencieuse s'insinuait à travers la souffrance pour nous dire : « Tu te sens meurtri et effrayé, mais tu n'es pas tes sentiments. Tu vis une tragédie, mais elle n'a pas vraiment de prise sur toi. Tu vois le visage de la mort, mais derrière ce masque se cache l'amour éternel. » Cette voix est associée à la troisième réponse : la souffrance renferme un message spirituel qui n'est autre que l'amour. Les terroristes ne se soucient pas d'eux-mêmes et sont convaincus de pouvoir tout faire parce qu'ils sont galvanisés par la haine. Si vous ne vous focalisiez plus sur vous-même et si vous étiez galvanisé par l'amour, votre action pourrait contribuer à sauver le monde.

Il y a de nombreuses manières de soulager la souffrance, mais je crois que seule la spiritualité peut la guérir. L'espoir de l'éradiquer est idéaliste et, même si Bouddha, le Christ, Mahomet et d'autres grands maîtres spirituels nous ont tous proposé un chemin mettant un terme à la souffrance, il est également vrai que, paradoxalement, elle nous grandit, nous enseigne des leçons, nous rend plus lucides et nous purifie.

Voici en conclusion deux affirmations auxquelles nous pouvons nous fier :

• La peur est puissante, mais elle ne peut toucher votre âme. Trouvez votre âme et votre souffrance se dissipera.

À tout instant, vous pouvez choisir entre deux réalités : celle que vous présente votre peur ou celle que vous présente votre âme. La peur est la voix de l'ego, du « je » limité. L'ego a beaucoup à faire dans le monde et vous avez besoin de lui pour vous développer, pour acquérir des choses, pour affirmer vos propres besoins face à ceux des autres – « moi » contre « eux ». Le bouddhisme tient l'ego pour la cause première de la souffrance mais, dans la vie de tous les jours, nous devons tous vivre avec notre ego et ses besoins car notre éducation nous a conditionnés à voir le monde d'un point de vue individuel. Je préfère donc considérer la réalité qu'il nous propose comme une première étape sur la voie de l'évolution personnelle.

• Lorsqu'on a vécu suffisamment longtemps comme le veut l'ego, une autre réalité se présente – celle de l'âme.

Le premier principe de cette nouvelle réalité est que vous êtes plus qu'un corps doté d'un esprit.

Le deuxième principe est que vous n'êtes jamais seul.

Le troisième est que la compassion vous permet de vous sentir l'égal de tous les êtres vivants. Quand l'expansion de la conscience est complète, vous accédez à l'âme – pas à votre âme, mais à l'essence et à la source de l'esprit qui est en chacun de nous.

LE SENS DE LA MORT

Il est presque impossible de voir en face le fait brut de la mort. Nous savons tous que nous allons mourir, mais nous continuons à vivre sans vouloir admettre que la mort nous talonne et se rapproche à chacune de nos respirations. Ce serait, dit-on, une défense érigée par le conscient pour échapper aux terreurs de l'inconscient. Si c'est le cas, il est clair qu'elle s'est complètement effondrée le 11 septembre quand, sous les yeux de tous, la mort a fait une irruption fulgurante dans cette belle journée ensoleillée.

À quelque distance du World Trade Center, un homme observait ce qu'il croyait être des débris tombant des étages en flammes. Mais lorsqu'il a pris ses jumelles, il a vu qu'ils se débattaient dans leur chute. Détournant le visage avec horreur, il s'est mis à prier pour pouvoir oublier ce qu'il avait vu. Aucune mort ne peut être considérée comme plus triste qu'une autre, mais ces suicides étaient réellement bouleversants ce jour-là.

« J'ai vu des employés bondir par les fenêtres, a raconté un témoin oculaire qui était dans la seconde tour quand la première a été frappée. Ils sautaient dans le vide parce que leur bureau était plein de kérosène en feu. La chaleur dégagée dépassait 500 °C. On voyait les cravates des hommes se soulever et pointer vers le ciel dans leur chute. Deux personnes se tenaient la main en tombant – des amis peut-être, ou bien des époux. Le dernier geste de leur amour était de mourir ensemble. Certains ne se sont pas simplement jetés dans le vide ; ils ont écarté les bras et ont plongé la tête la première. Leur courage et leur élégance m'ont déchiré le cœur. »

Des enfants ont vu la tragédie par les fenêtres de leur école et, en rentrant à la maison, ils ont décrit à leurs parents la couleur des vêtements que portaient les suicidés. Ils étaient si près qu'ils avaient tout vu. Un pompier a été tué sur le coup dans la rue car un homme qui avait sauté d'une tour est tombé sur lui.

La mort nous horrifie et nous sommes épouvantés à l'idée de subir d'intenses souffrances physiques, parce que nous connaissons la douleur et ne voulons pas de cette expérience. Mais c'est la perspective de l'anéantissement – cette disparition dans le vide quand notre existence prend fin – qui génère sans doute la peur la plus profonde. En réaction, nous essayons d'oublier que nous sommes mortels par toutes sortes de moyens bien connus qui vont de l'abus de substances toxiques à la fascination démesurée de notre culture pour la jeunesse et la beauté.

Le phénomène de la mort paraît moins brutal si l'on comprend qu'elle est nécessaire à la vie. L'univers recycle tout dans l'éternelle avancée du temps. Les atomes qui constituent votre corps n'ont trouvé qu'un abri temporaire. Ils sont comme des oiseaux de passage et vont reprendre leur vol. À chaque inspiration, vous inhalez plusieurs milliards de molécules d'air qui ont jadis été respirées par Bouddha ou Jésus, et à chaque expiration, vous en rejetez d'autres qui seront peut-être inspirées demain par des gens en Chine. Chaque atome de votre corps est emprunté au cosmos et doit lui être rendu. Si l'Inde antique vénérait Shiva, le dieu de la mort et de la dissolution, ce n'était pas simplement parce qu'ils en avaient peur ou voulaient l'apaiser. En observant la nature, les traditions de sagesse ont vu qu'elle se fondait sur la création et la dissolution, l'une étant inséparable de l'autre. Au niveau le plus profond, nous ne faisons qu'emprunter et rembourser à longueur de temps, et le spectacle auquel nous assistons n'est pas celui d'une mort continuelle mais d'une circulation éternelle de la vie en perpétuel renouvellement.

J'ai récemment dirigé une méditation dans une petite salle où s'étaient rassemblées quelques dizaines de personnes et j'ai voulu leur faire écouter comme le cœur se ralentit lorsqu'on focalise son attention sur lui en silence. Cette méditation du cœur est très puissante et j'avais envie de leur en donner une preuve concrète. Tous ceux qui connaissent le tapis de jogging des salles de sport ont probablement vu cette ceinture que l'on s'attache sur la poitrine quand on court. L'appareil enregistre le rythme cardiaque et l'affiche sur un petit cadran attaché au poignet. Les participants se sont donc équipés de ces ceintures et je leur ai demandé de fermer les yeux. On a diffusé une musique douce et apaisante et, avant même que je commence la méditation guidée, une personne a dit qu'elle se sentait oppressée. Immédiatement après, une autre s'est plainte de sentir son cœur marteler sa poitrine. Puis deux autres ont parlé de palpitations. Très étonné, je leur ai demandé d'enlever leurs ceintures – j'avais peur qu'elles ne souffrent de troubles cardiaques. Le lendemain, j'en ai parlé au fabricant de ceintures qui m'a répondu : « Mais oui, je ne vous l'avais pas dit ? Dans une petite salle, il y a des problèmes de diaphonie entre les appareils. »

Il voulait dire qu'en amplifiant le battement cardiaque d'une personne, les moniteurs envoyaient un signal que le cœur d'une autre personne pouvait percevoir. En fait, chaque cœur dans la pièce parlait aux autres et les écoutait. N'était-ce pas extraordinaire ? J'ai alors réalisé que c'est ce qui se passe tout le temps. Les moniteurs ne faisaient qu'amplifier une sorte de connexion de cœur à cœur que nous avons tous constamment entre nous.

L'histoire n'est pas finie. Le lendemain, je prenais un peu l'air sur le toit du Centre Chopra quand j'ai senti que quelqu'un fumait près de moi. Cela ne semblait pas possible puisque j'étais tout seul en haut d'un bâtiment de trois étages. Mais j'ai tout à coup aperçu un homme qui fumait une cigarette au bout de la rue et j'ai compris que c'était lui. J'avais là une démonstration éclatante prouvant que nous partageons vraiment l'air que nous respirons, la fumée de sa cigarette ayant été une sorte de traceur. J'inhalais de l'oxygène, du carbone, de l'azote et de l'hydrogène qui venaient de circuler quelques secondes auparavant dans le corps de cet inconnu. En fait, il partageait son corps avec moi et avec tous les habitants de la Terre.

Nous sommes tous intimement reliés, et quand on le réalise, on est frappé de voir que la vie est une possession commune qui ressemble à un écosystème. À l'instar de mon cœur et de ma respiration, mon esprit fait circuler des images et des sentiments qui sont partagés par des millions de mes semblables. Sans la mort, ce renouvellement ne pourrait se faire.

Il est vrai que ce genre d'argument est de peu de poids face à la peur profonde et viscérale qu'elle nous inspire. En Orient, on croit que le corps garde le souvenir des nombreuses morts vécues d'incarnation en incarnation, et la terreur que nous inspire la perspective de mourir serait donc vraiment un souvenir. Il en serait de même pour la paix que l'on peut ressentir face à elle, et chacun de nous pourrait se remémorer les deux expériences – la douleur de mourir et la joie de renaître. J'ai effectivement remarqué que même ceux qui ne croient pas à la réincarnation ont en eux le souvenir de cette paix. Et les fameuses six étapes de la mort décrites par Elisabeth Kübler-Ross sont celles d'un voyage menant de la résistance, de la peur et du refus à cette paix intérieure qui ne redoute plus la mort.

Notre peur se manifestant à de nombreux niveaux,

la guérison concerne chacun d'eux. Sur le plan émotionnel, vous devez vous débarrasser de l'énergie de cette peur, et nous avons déjà vu comment faire. Sur le plan mental, vous pouvez lire des ouvrages philosophiques, étudier les Écritures ou, si vous n'êtes pas croyant, consulter les nombreuses études scientifiques enquêtant sur les expériences de mort imminente qui s'appuient maintenant sur des milliers de cas. La foi peut pénétrer en nous par le mental. J'ai moi-même acquis une grande partie de ma foi en lisant la Bible, les Védas, la poésie de Tagore et de Rûmî, les écrits des maîtres spirituels modernes de toutes les cultures, et de nombreux ouvrages scientifiques.

N'est-il pas réconfortant de lire dans les Upanishad que nos vies sont des ondulations sur le vaste océan de la conscience ? Comme des vagues, nous émergeons et retombons, mais nous ne disparaissons jamais, car l'océan est infini et éternel, et chaque vague en fait partie. On peut également se rassurer avec l'équivalent scientifique de la même idée : tout ce qui existe est onde d'énergie et, si la fonction d'onde peut s'effondrer pour former un électron dont la durée de vie est limitée, le champ d'où provient cette énergie demeure infini, éternel, immuable et immortel. Ainsi les mots qui qualifient Dieu s'appliquent à toutes les descriptions de la réalité ultime. Notre mental peut nous aider à guérir si nous lui donnons suffisamment d'informations et lui présentons toutes sortes de points de vue.

Mais, quel que soit le fondement de notre foi, la

mort demeure un mystère. Il m'est souvent arrivé, alors que je venais de faire un exposé sur le sens de la mort qui, me semblait-il, avait réconforté l'assistance, de voir immanquablement quelqu'un se lever et dire : « N'empêche qu'on ne sait pas vraiment ce qui se passe, non ? Moi, j'ai quand même peur de mourir et de disparaître totalement. » Les réconforts qu'offrent la raison ou la religion ne peuvent nous rassurer entièrement.

« Je croyais avoir surmonté ma peur de la mort, m'a dit un jour une femme d'âge moyen, jusqu'à ce que j'aie assisté à la mort de ma grand-mère l'année dernière. La phase finale a duré douze heures et, lorsqu'elle a repris conscience à la fin, je n'ai rien vu d'autre dans ses yeux que la peur et la panique. Elle était si attachée à moi et m'aimait tellement ! J'ai du mal à supporter que ce moment ait été si dur pour elle. Aidez-moi, je vous en prie, je suis hantée par son regard. »

La mort est un processus normal face auquel il nous est difficile de réagir normalement. La peur de mourir dont cette femme avait été témoin provient d'un attachement émotionnel profond qui génère une résistance. Le mourant tente de se rassurer en se disant : « Ça ne peut pas m'arriver à moi, ce n'est pas possible. Quelque chose va me sauver. » Et plus il résiste, plus le processus est douloureux.

Mais on peut bien sûr avoir peur de mourir avant qu'il en soit question, et c'est cette peur qu'il faut alors guérir. On trouve dans toutes les traditions de sagesse un enseignement que le Nouveau Testament appelle « mourir à la mort », ce qui veut dire éprouver ce qu'est véritablement la mort quand on est encore vivant. En ce moment même, votre corps ne pourrait vivre sans elle. Des milliards de cellules doivent périr pour que d'autres voient le jour. Vous ne pourriez avoir d'idées, de sentiments ou de rêves si votre esprit ne laissait pas mourir ses vieilles pensées pour faire place aux nouvelles.

Il est complètement faux de penser que la mort est « là-dehors » qui nous guette. Elle est ici avec nous, inséparable de la vie. Il y a une phrase merveilleuse qui dit : « Vous ne serez jamais plus vivant que vous l'êtes à cet instant, mais vous ne serez jamais plus mort non plus. » Votre but devrait donc être d'expérimenter la vie aussi pleinement que possible pour que la mort ne soit plus une menace. Ne vous voyez pas comme un être qui se bat pour rester en vie malgré tous les obstacles. Considérez-vous plutôt comme un fleuve qui suit son cours et accepte tous les changements, parce que le changement est naturel quand on passe d'une phase de la vie à la suivante. Lorsqu'on a demandé à Socrate pourquoi il était si calme face à la mort, il a répondu : « J'ai marché toute ma vie vers cette destination. Pourquoi le dernier pas devrait-il me faire peur ? »

Mais comment réagir, alors, quand nous pensons que nous-mêmes et ceux que nous aimons allons disparaître et ne jamais revenir ? Nous avons le choix entre la peur ou la paix, et c'est une décision qui nous appartient. Si la paix vous semble préférable, vous ne pourrez l'atteindre qu'en accédant, par la méditation et la prière, au calme et au silence qui règnent au fond de vous. Une fois que vous les aurez trouvés, la mort ne pourra plus vous surprendre car mourir est retourner vers ce silence, vers cette pure conscience que l'on appelle « lumière ». Quand ceux qui ont vécu une expérience de mort imminente racontent qu'ils sont entrés dans la lumière, ils parlent d'une destination qui est en nous. La lumière est notre être pur.

Vous pouvez, pour mieux le comprendre, imaginer qu'il y a en vous un espace que rien ne peut toucher. Votre corps est comme une maison qui donne forme à cette paix et ce silence. Lorsqu'une maison s'écroule, lorsque son toit et ses murs s'effondrent, l'espace qui est à l'intérieur ne subit aucun dommage. Seules les frontières ont disparu. La mort nous fait perdre notre forme physique, mais l'espace de paix intérieure, que certains appellent l'âme, reste toujours intact.

Voilà ce que veut dire mourir à la mort. Consacrez un peu de temps chaque jour à vous tourner vers l'intérieur pour y chercher cette paix. Elle attend d'être découverte. Et quand vous l'aurez trouvée, vous n'aurez pas de panique dans les yeux lorsque la mort viendra, car elle vous emmènera dans un lieu que vous aurez appris à connaître et que vous aimerez.

Voici quelques pratiques qui vous aideront à comprendre que, loin d'être une ennemie redoutable, la mort est une partie essentielle de la vie :

- Acceptez d'approcher une personne qui est en

train de mourir. Résistez à la peur qui vous fait fuir sous prétexte de ne pas déranger.

• Essayez d'imaginer votre propre mort, puis votre propre naissance. Vous aurez beau fouiller les moindres recoins de votre conscience, vous n'y trouverez pas trace d'un commencement ou d'une fin. Imaginez alors que vos parents ne vous aient pas raconté la vérité sur votre naissance. Dans notre monde intérieur, nous avons tous l'impression d'avoir toujours vécu, ce qui est la vérité.

• Allez dans la nature et approchez-vous d'un vieil arbre. Prenez conscience en le regardant que rien de ce que vous voyez n'est stable ou permanent. Ce tronc qui a l'air si solide est un nuage de particules subatomiques tourbillonnant dans l'espace, dont chacune est vide à 99,9999 %. Cet arbre qui rejette l'humidité et l'oxygène de ses feuilles est en fait une splendide fontaine d'énergie, beaucoup plus dynamique et vivante que le bois et le feuillage que vous voyez avec vos yeux. Songez que tous les atomes qui le constituent sont nés au moment du big-bang. Ils ne lui appartiennent pas, et lui ne leur appartient pas non plus. Comme tout le reste, cet arbre est apparu et disparaîtra au cours du temps, car la réalité est un flux de « paquets » d'énergie invisibles. Comment peut-on dès lors parler de vie ou de mort à son sujet ?

• Imaginez maintenant que la mort puisse être votre plus grande alliée. Lorsque la vie veut créer quelque chose d'entièrement nouveau, elle doit recourir à la mort. L'oxygène et l'hydrogène, par exemple, existent sous forme de gaz invisibles, mais quand ils se combinent en eau, leurs anciennes propriétés cessent d'exister. L'eau est liquide et fluide, et en donnant vie à ces qualités, la nature a sacrifié l'apparence gazeuse de ses constituants. Leur ancien aspect a disparu pour permettre l'émergence d'une forme totalement nouvelle, encore jamais vue. La créativité procède toujours ainsi. Des propriétés nouvelles et secrètes, totalement imprévisibles (qui aurait pu imaginer l'aspect liquide de l'eau alors que ses composants existaient depuis des millions d'années sous forme de gaz ?), attendent de voir le jour. Rien n'est plus beau dans la vie, rien ne procure davantage de joie que de contribuer à leur naissance, comme l'ont toujours dit les inventeurs, les artistes, les mères et les saints.

Alors, allez-vous choisir de vous accorder cette joie ? Si vous répondez oui, la mort sera votre plus grande amie car, en abandonnant ce corps et cette personnalité, vous rendrez de vieux matériaux usés à la source qui leur redonnera forme. Et ce qui surgira ne sera pas un double de vous-même, mais un nouvel être doté de qualités inconnues – des qualités qu'à votre stade actuel, il vous est impossible d'imaginer. Telle est ma vision de la mort, une vision qui est pour moi beaucoup plus prometteuse que l'espoir du paradis. Devant l'intimité des liens qui unissent la vie à la mort dans la réalité qui m'entoure, je ne peux pas croire qu'elle puisse un jour prendre fin ou que je puisse en être exclu.

LE VISAGE DU MAL

Ceux qui sont enclins à faire le mal ont une conscience très limitée. Le déséquilibre est si grave qu'ils n'accordent plus aucune valeur aux autres. Le mal est donc une forme extrême d'égocentrisme. *Il n'y a que ma vérité et ma voie* – tel est le dogme du fanatique ou du terroriste. Mais le mari brutal, le dealer qui s'en prend aux enfants, l'agresseur et l'assassin sont tout aussi coupés d'autrui et insensibles.

On peut donner du mal une explication qui lui dénie toute existence – comme Emerson qui l'appelait l'absence de bien. On peut également le transcender, comme on a pu le voir dans les attentats du World Trade Center quand les personnes prises au piège ont téléphoné à leurs proches, non pour exprimer leur horreur, mais pour les rassurer. Face à la mort, leur message était généralement : « Je voulais que tu saches que je vais bien et que je t'aime. »

Mais lorsque les tours se sont effondrées en faisant des milliers de victimes, le mal a triomphé. Je repense aux pompiers qui grimpaient à toute allure les escaliers. « Notre évacuation se déroulait sans précipitation, a dit un survivant qui racontait ce qu'il avait vu entre le crash des avions et l'effondrement des tours. Les gens formaient une file dans les escaliers, les lumières étaient encore allumées et personne ne semblait paniqué, même si la file avançait lentement et s'arrêtait souvent. À un moment, j'ai entendu l'ascenseur de service passer en chute libre ; des gens criaient à l'intérieur. Quand nous avons rencontré les pompiers qui montaient, nous nous sommes mis sur le côté et nous avons tous applaudi en les acclamant. Nous avions l'impression que nous allions nous en sortir. Pourtant, quelques instants plus tard, tous ces pompiers seraient morts. Je les vois encore, tous ces jeunes et beaux visages passant devant nous alors que nous applaudissions – tous anéantis d'un seul coup. »

La violence physique est le mal qui nous paraît le plus impardonnable. Qu'on porte atteinte au corps d'une personne nous rend malades et, quand la survie est menacée, nous avons une réaction viscérale. Dans certains cas, l'indignation empêche toute discussion et la vengeance devient le seul leitmotiv – le pardon étant écarté.

Mais on peut adopter face au mal une autre attitude, une attitude spirituelle où ce que l'on vit dépasse l'individu et atteint quelque chose de plus vaste – une âme universelle que nous partageons tous. Personne n'en est exclu, même pas les criminels, aussi odieux que soient leurs crimes. J'ai été très ému par les femmes qui, en Bosnie – un lieu où une haine féroce sévit depuis des siècles –, pouvaient encore avoir des rapports humains dénués de violence. Elles ont répondu au journaliste qui les interviewait qu'elles priaient pour que la violence s'arrête, sans faire la moindre allusion aux clichés du nationalisme et de l'appartenance ethnique. Leur souffrance les a purifiées et elles ressentent celle des autres femmes qui sont censées être leurs ennemies.

Mais il est vrai que le mal n'a rien de purifiant quand de courageux et innocents pompiers sont tués au moment même où ils portent secours. L'obscurité s'abat sur la Terre lorsque des actes aussi monstrueux sont librement choisis et mis à exécution. Cette noirceur est souvent personnifiée sous les traits de Satan, et certains croient que le diable a un corps et un visage, alors que d'autres en ont une conception plus abstraite. Les terroristes et tous les « méchants » de la Terre sont censés être sous son emprise et, si l'on mesure la valeur d'un homme à ses actes, le massacre de vies innocentes est un mal absolu.

Certains textes sacrés de l'Inde affirment que le mal ne peut subsister à proximité d'un saint. Je ne sais pas si c'est vrai, mais j'y trouve une inspiration. La bonté est une force positive. Aucune des horreurs totalitaires qu'a connues l'humanité au XXe siècle n'a fini par triompher. Le mal a peu à peu succombé et s'est rééquilibré avec la force de création et d'évolution. Le mur de Berlin est tombé à cause du poids, de l'inertie et de l'épuisement de la répression.

Beaucoup de gens déclarent que ce processus évolutif est trop lent et que le laisser se dérouler équivaut à de la passivité. Je suis d'accord qu'il est parfois nécessaire de s'opposer activement au mal, mais cela ne veut pas dire que l'on doit soutenir les forces de destruction.

Avant tout, nous ne devons pas oublier que tout ce que nous pouvons faire pour élargir notre conscience – ce qui inclut le travail de guérison dont nous avons parlé – contrecarre automatiquement le mal. Radoucissez-vous quand vous avez envie d'être dur. Redoublez d'attention quand vous êtes tenté de fermer les yeux. Prenez conscience de votre propre négativité quand vous êtes sur le point d'accuser quelqu'un.

La transformation personnelle est le meilleur moyen de combattre le mal. Plus vous devenez conscient, plus vous devenez équilibré. Vous pouvez alors choisir de rejeter la destruction. Vous voyez plus loin que la blessure immédiate et vous comprenez que l'évolution est éternelle, et donc éternellement possible.

Nous savons tous que la colère nous fait mal agir, non la colère en soi, mais celle que l'on refoule et qui s'accumule. Votre conscience doit rester ouverte et libre pour que la colère puisse s'évacuer. C'est aussi vrai pour celle que ressent la victime que pour celle qui anime l'agresseur. Les deux sont censées disparaître dès qu'elles ont rempli leur rôle – qui est d'alerter nos systèmes de défense. L'agression et la défense font partie du répertoire de survie de presque toutes les espèces dont les membres sont en rivalité pour s'accoupler, trouver leur nourriture et occuper leur territoire. Ce qui n'est pas naturel, c'est de garder en soi une rage qui suppure et se nourrit elle-même pour finir dans une explosion de violence.

Tout système vivant qui se déséquilibre essaie de revenir à la normale, qu'il s'agisse de votre tension artérielle, de votre rythme cardiaque, d'une forêt tropicale ou d'une population d'oiseaux. Et toute pression sur le système – comme un manque de nourriture, un territoire insuffisant ou une soudaine intrusion d'ennemis – provoque une réaction qui le pousse à se rééquilibrer. La violence est la réaction la plus extrême au déséquilibre. On parle souvent de la violence innée des êtres humains, mais n'ont-ils pas aussi une bonté naturelle ? Il y a autant de preuves en faveur de l'une que de l'autre. Le mal peut donc se réduire au stress : la pression que subit l'individu dépasse si largement ce qu'il peut supporter qu'il n'a d'autre choix que de répliquer par une agression équivalente. La volonté suicidaire des terroristes du 11 septembre a impressionné beaucoup de gens qui y ont vu un mal absolu. Je l'ai personnellement ressentie comme un signe de désespoir absolu. Ils ne pouvaient plus supporter ce monde qui les avait blessés au point que survivre devenait impossible.

Et le fanatisme religieux ? N'incarne-t-il pas le mal ? Oui, bien sûr, mais ce n'est pas ce qu'enseigne la religion. Elle est mise au service du mal une fois que l'état d'esprit est constitué. Les recherches les plus récentes sur le cerveau menées par le MIT – le célèbre Massachusetts Institute of Technology –

indiquent que, quand on demande aux gens de prendre des décisions morales, c'est l'activité des centres émotionnels cérébraux qui augmente et non celle des centres rationnels des couches supérieures du cortex. Ce n'est qu'après nous être enflammés de colère sur le plan émotionnel que nous demandons à notre cortex de nous fabriquer des raisons, y compris religieuses.

Une cruelle ironie veut que les terroristes se croient dans leur droit, à l'instar de tous les monstres du XXe siècle, de Hitler à Pol Pot. Les méchants se présentent comme des victimes et, malheureusement, cette attitude effarante se retrouve dans la vie courante. Les maris violents qui battent leur femme prétendent toujours qu'elle les y a poussés, et les agresseurs reprochent à ceux qu'ils ont tués de ne pas leur avoir donné tout de suite ce qu'ils leur demandaient.

Quoi qu'il en soit, si vous projetez de vous venger de quelqu'un qui vous a fait du mal, vous vous faites du tort à vous-même, non parce que cette pensée peut se retourner contre vous, ce qui est de la superstition, mais parce que les pensées négatives renforcent la source de négativité. L'obscurité s'assombrit encore davantage. Car notre mental se développe à partir de nos habitudes et, plus nous utilisons les centres qui émettent reproches, colère, punition, intolérance et violence, plus leur croissance est favorisée.

Alimentez plutôt la lumière qui est en vous. La transformation ne se fait pas d'un coup de baguette magique et, là aussi, vos habitudes, votre manière d'être, comptent énormément. Cherchez la moindre raison d'avoir des pensées d'amour, de tolérance, de pardon et de paix, et cet aspect de votre mental se développera. C'est ainsi que l'on se rapproche de l'Esprit.

La même question revient toujours : pourquoi Dieu permet-il l'existence du mal ? La réponse, me semble-t-il, se trouve dans la patience divine. Dieu attend que nous devenions bons. Dieu veut que nous y parvenions tout seuls, pour que cette évolution ne puisse être remise en cause. Il nous faudra sans doute beaucoup de temps, mais c'est le prix du libre arbitre. Aucun choix ne nous est imposé. Notre unique motivation est l'attrait des réalités supérieures que sont la paix et l'amour.

Avons-nous la preuve que Dieu use de son influence en faveur du bien ? Personne ne peut convaincre autrui que le bien triomphera du mal. En réalité, les êtres humains progressent grâce à leur expérience. Ils se lassent de faire le mal, veulent voir à quoi ressemble le bien et finissent par devenir des saints.

Le poète Rûmî, auquel je reviens toujours, a écrit : « Je vis au bord de la folie, frappant à la porte, cherchant des raisons. La porte s'ouvre. Je frappais de l'intérieur. » Cette démarche peut vous paraître étrange, mais le mal devient beaucoup moins menaçant quand on cesse de le voir à l'extérieur, en « eux », pour entrer en soi-même. Là, il n'y a pas vraiment de « eux », il y a seulement « nous » – tous ces esprits qui jouissent de la liberté de faire et de sentir n'importe quoi, des actes les plus sublimes aux plus atroces. Jésus et Bouddha n'ont pas harangué les foules en disant : « Devenez aussi bons que moi. » Ils ont observé la vie des êtres humains ordinaires et l'ont vécue. Une totale empathie engendre une totale compassion qui, pour se développer, doit détruire les murs qu'a construits l'ego. La compassion émerge d'une irruption de sentiments que l'on ne peut nier – « je suis donc vraiment toi ! » –, d'une révélation que tous les saints ont en commun.

La compassion sans réserve engendre le pardon sans réserve. On ne peut se contraindre à pardonner car le pardon n'est pas une démarche mentale, mais un sentiment qui vient du cœur. Et nous nous retrouvons une fois de plus devant un paradoxe : adoucir votre cœur et soigner tendrement ses blessures vous protégera du mal, alors que construire une forteresse et vous défendre derrière ses murs ne fera que vous rendre plus vulnérable. Guérir votre cœur est le moyen le plus puissant de changer le monde. Votre propre transformation vous emmènera si loin du mal que pas une seule de vos paroles, de vos pensées ou un seul de vos actes ne pourra y contribuer. Et tout en vous guérissant, ce processus vous permettra de retrouver votre âme.

RETROUVER L'ÂME

Une mère voyageant avec sa fille se présente au guichet. Elle part en vacances et elle est impatiente car son vol a été retardé. Peut-on faire quelque chose ? Les doigts cliquettent sur l'ordinateur – oui, elle peut prendre un autre vol. Elle pousse un soupir de soulagement, sourit, prend les nouveaux billets et se précipite avec sa fille vers la porte d'embarquement. Une femme qui avait pris un billet pour le vol du mercredi décide de partir un jour plus tôt. Elle aussi a la chance qu'une place soit encore disponible. Elle a hâte de retrouver son mari qui lui manque. Le désœuvrement de l'attente dans l'aéroport pousse un père à téléphoner chez lui et il bavarde quelques instants avec son fils de cinq ans qui va partir à l'école. Il entend annoncer son vol et raccroche après lui avoir dit ces mots : « Papa t'aime beaucoup. »

Moins de deux heures plus tard, ces personnes avaient complètement disparu de la surface de la Terre. Où sont-elles allées ? Une partie d'elles-mêmes a-t-elle survécu à la tragédie ? La mort réveille toujours la question angoissante de l'âme. Les victimes de ces attentats terroristes sont mortes en ne laissant rien derrière elles, et cette disparition radicale rend la tragédie encore plus atroce pour les survivants. Une mère de cinq enfants était l'épouse d'un pompier qui est mort dans les opérations de secours. Lorsqu'on lui a demandé ce qu'elle avait dit à ses enfants, elle a répondu : « Je leur ai dit que, dans notre malheur, nous avions de la chance, car nous avons eu la consolation que son corps ait été retrouvé. »

La complète disparition d'un être cher est une épreuve effroyable. Une partie primitive de nous-mêmes a besoin d'éléments solides et matériels pour valider la réalité. L'âme, si elle existe, est totalement invisible et il est difficile de croire à son existence avec la même conviction qu'à celle de notre corps physique dont la présence manifeste est si rassurante quand nous sommes en vie.

Je me suis personnellement retrouvé dans ce *no man's land* entre le doute et la croyance quand j'ai appris que mon père, qui avait plus de quatre-vingts ans, venait de mourir subitement. Daddy-ji, comme je l'appelais, était un véritable saint, un être silencieux et discret, souvent presque effacé, qui préférait écouter que se mettre lui-même en avant. En vieillissant, il se faisait beaucoup de souci pour ma mère qui souffrait davantage que lui des infirmités de l'âge. Une nuit de novembre, il est sorti de son lit et l'a réveillée. Rétrospectivement, il est clair qu'il voulait lui faire ses adieux. Il l'a embrassée, est doucement retourné dans sa chambre et a fermé les yeux. Puis il a accueilli la mort paisiblement, en pleine conscience, et a choisi de nous quitter dans la dignité et la paix, sans faire la moindre vague.

Mais il a laissé un énorme vide dans mon cœur. Contrairement à ce que je pensais, je n'étais pas préparé à cet événement. La famille s'est rassemblée à Delhi et j'ai assisté pour la première fois aux rituels funéraires. Je suis allé aux *ghats*, le lieu de crémation près du fleuve, et j'ai lu la liste de nos ancêtres, remontant à des centaines d'années, qui tous ont été incinérés à cet endroit. C'est moi qui devait surveiller la combustion des restes de mon père et j'éprouvais un mélange de réconfort intemporel et de terreur personnelle. Les lieux de crémation ont une odeur de mort à laquelle on ne peut échapper et – il m'est difficile d'écrire ces mots pour des lecteurs occidentaux – quand les cendres de mon père étaient encore chaudes, on m'a demandé d'effriter avec un bâton la fragile ossature de son crâne. C'était le dernier rite de libération. J'ai alors entendu au loin la musique d'un orchestre de mariage et les cris d'une bande d'enfants qui jouaient au cricket – me rappelant la continuité de la vie dans ce moment macabre.

En voyant et revoyant à la télévision le spectacle de la disparition instantanée de milliers de personnes, j'ai compris ce que voulait dire l'épouse du pompier lorsqu'elle a parlé de l'importance de retrouver son corps. Il m'a fallu des mois de réflexion avant de trouver ma propre réponse à la terrible question : où mon père était-il allé ? Cet être aimant n'avait jamais été absent de ma vie et, brusquement, à sa place avait surgi un vide.

L'esprit immatériel et invisible peut-il être aussi réel que notre corps physique ? Croire qu'une chose est réelle parce qu'on peut la voir et la toucher est une illusion de nos sens. Une falaise de granit est réelle parce que des forces invisibles maintiennent ensemble d'invisibles paquets d'énergie vibratoire. Personne n'a jamais vu la gravité ni la courbure de l'espace, alors que leur existence est beaucoup plus sûre que celle du granit qui se dissoudra et cessera d'exister des milliards d'années avant elles. De fait, les éléments les plus réels de la réalité sont invisibles. Personne n'a jamais touché le temps. La vérité ne laisse pas d'empreintes digitales. L'amour échappe aux cinq sens.

Retrouver l'âme ne veut donc pas dire essayer de croire à une sorte d'entité invisible dont l'existence paraît bien incertaine puisqu'elle ne peut empêcher l'irruption du malheur, de la violence et de la souffrance.

Votre âme n'est pas un fantôme évanescent mais votre véritable moi, présent en vous à cet instant. Vous ne la voyez pas, mais quand vous percevez en vous l'élan de l'amour, vous sentez qu'elle est là. Il ne s'agit pas de votre moi ordinaire, bien sûr, et vous devez monter d'un cran pour la contacter, mais passer à ce niveau supérieur, celui de votre vrai moi, est à votre portée.

Chacun de nous croit dur comme fer dans un faux moi fabriqué par l'ego. Nous avons déjà parlé de l'ego à plusieurs reprises et je vais rapidement résumer ce qui le caractérise à l'aide de quelques adjectifs clés : limité, borné, obstiné, avide, effrayé et coupé de tout. Il est difficile de croire qu'on puisse valoriser ces caractéristiques, mais il suffit de réfléchir un peu pour voir qu'elles sous-tendent une grande partie de notre comportement.

La valeur de notre vrai moi, elle, est évidente parce qu'il peut satisfaire des besoins que l'ego ne parvient pas à combler. Ces besoins que nous avons déjà évoqués sont les suivants :

le besoin de sécurité,
le besoin d'appartenance,
le besoin d'être reconnu par les autres,
le besoin d'être important,
le besoin de s'exprimer librement et
le besoin d'amour.

Tous ces besoins existent pour être comblés, nos désirs et leurs satisfactions constituant le rythme naturel de la vie. Mais, si vous fusionnez avec votre vrai moi qui, lui est déjà satisfait, vous vous sentirez aussitôt serein, aimé et respecté, vous vous exprimerez naturellement et librement, et vous prendrez aux yeux des autres une importance que vous n'auriez jamais imaginée.

L'ego voit ces besoins et ressent ces désirs, mais lui veut les satisfaire à l'extérieur. Les gens essaient de se convaincre de leur importance grâce à leur statut social et leur fortune. Ils croient qu'ils s'expriment quand ils font entendre leur opinion. Et pour se sentir inclus dans leur communauté, ils s'efforcent de grimper à l'échelle du succès. La stratégie de la réalisation extérieure est la seule que connaît l'ego, alors que le vrai moi, lui, se tourne vers l'intérieur.

Un de mes amis à récemment déménagé dans le centre-ville de Boston et, en se rendant à pied à son travail, il a été harcelé par des mendiants pour la première fois de sa vie. Ils surgissaient l'un après l'autre sur son chemin, lui tendant la main et lui demandant la pièce. « Pendant quelque temps, m'a-t-il dit, j'ai fait semblant de ne pas les voir, mais c'était impossible. Il y en avait un qui me tenait la porte quand j'allais à la banque en me disant d'un ton un peu sarcastique : "Permettez-moi de vous aider à entrer, et peut-être vous souviendrez-vous de moi quand vous sortirez…" Je lui en voulais de cette fausse politesse et, au bout de quelques semaines, je les ai tous détestés. Pourquoi ne pouvais-je pas me rendre tranquillement à pied au travail sans être importuné ? »

Après s'être débattu avec sa colère et sa culpabilité – car il voulait vraiment bien faire –, mon ami a eu une idée lumineuse. Pourquoi ne pas simplement donner un peu d'argent à tous ceux qui lui en demandaient ? « Cela s'est très bien passé. J'ai mis de la monnaie dans mes poches et j'ai donné quelque chose à tous ceux qui me tendaient la main. Ma colère s'est immédiatement dissipée et mes yeux se sont ouverts : j'ai vu que ces gens étaient vraiment perdus, qu'ils se sentaient très seuls, et que c'était de ma part un acte de cruauté que de leur refuser le peu qu'ils demandaient. »

En quelques instants, sa colère mesquine s'était transformée en compassion, grâce à un simple changement de perception. Notre vrai moi ne nous houspille pas pour nous rendre bon. Il prend nos pulsions existantes et les voit sous un jour nouveau. C'est ce nouveau regard qui ouvre les portes de notre cœur. Nous avons tous quotidiennement des élans de bonté, aussi faibles soient-ils. Marchez dix minutes dans la rue d'une grande ville et vous verrez partout des raisons de donner, d'aider, d'offrir votre compassion, de pardonner, et peut-être même d'aimer. Dans ce genre de circonstances, l'envie de se détourner et de se fermer est toujours présente, car c'est ce que nous faisons d'habitude. Mais la pulsion nouvelle est également là, et elle émane de notre vrai moi. C'est lui qui nous envoie ces signaux.

Ne les ignorez pas. Découvrez et éprouvez ces nouveaux sentiments, attardez-vous sur eux au lieu de les refouler machinalement. Ne vous détournez plus et n'ayez pas peur d'agir. Prenez conscience de cette bonté qui est en vous et félicitez-vous chaque fois que vous vous rapprochez, ne serait-ce que d'un millimètre, de votre vrai moi.

C'est un programme très simple. L'âme n'est pas une abstraction théologique, mais un aspect de vous-même qui attend d'être découvert.

Le credo du vrai moi est la joie dans le détachement. La joie vient quand on ne se sent plus forcé de s'accrocher à un petit territoire que l'on croit devoir défendre à tout prix. Le détachement résulte d'une expansion de conscience qui vous donne le sentiment que, dans la vie, tout est vôtre sans que rien ne soit à vous.

Après la mort de mon père, je n'ai cessé de me demander s'il s'était simplement éteint, si la personne que j'aimais n'existait plus et avait complètement disparu dans un immense vide. Je sentais que ces doutes provenaient du niveau émotionnel et je l'ai accepté, comprenant que nos besoins émotionnels doivent être satisfaits autant, sinon plus, que notre intellect.

Puis, un jour, j'ai cessé de résister à cette image de disparition et, avec un grand soulagement, j'ai réalisé que mon père n'avait pas pu disparaître puisqu'il n'avait en fait jamais été là. L'âme – le vrai moi – n'est ni en vous, ni hors de vous. Comme la gravité, la vérité ou le temps, elle est partout. Et, au moment de la mort, elle ne va nulle part – elle y est déjà. Pour mieux le comprendre, visualisez une série de cercles concentriques dont chacun englobe le précédent, puis imaginez que vous vivez dans chacun de ces cercles, en commençant par le plus petit.

- Dans le premier cercle – votre corps et le monde physique des cinq sens –, vous vivez dans le temps qui passe.
- Dans le deuxième cercle – le *pattern* d'ondes cérébrales qui crée vos pensées, vos sentiments et vos désirs –, vous sentez votre activité mentale.
- Dans le troisième cercle – le *pattern* d'énergie

invisible à partir duquel le cerveau a été créé –, vous percevez le jeu des forces naturelles.

• Dans le quatrième cercle – le champ infini inséré dans le cosmos d'où provient toute énergie –, vous êtes porté par les vagues mouvantes de l'océan cosmique.

• Dans le cinquième cercle – le champ silencieux et immobile qui unit toutes les forces et d'où surgissent l'espace et le temps –, vous plongez dans l'océan lui-même.

• Dans le sixième cercle – la matrice de l'univers où une infinité de dimensions s'enroulent sur elles-mêmes –, vous reposez dans le berceau de la création avant sa manifestation.

• Dans le septième cercle – l'incréé, Brahman, Dieu, l'Un et le Tout –, vous vivez dans l'éternité.

Ce que j'ai réalisé avec tant de soulagement, c'est que personne ne doit aller nulle part. *Tous ces plans existent en même temps*. Vous et moi, nous nous rencontrons dans la rue comme deux corps, mais aussi comme deux esprits, deux âmes, deux citoyens du cosmos. Et, en fin de compte, nous ne nous rencontrons pas du tout – nous nous rejoignons dans l'océan de l'esprit. Nous sommes un.

La seule chose qui change, c'est notre perception. Chacun de nous choisit le cercle qui lui convient, et une fois que nous l'avons identifié, nous l'appelons réalité. L'ego s'associe à la réalité la plus limitée, au cercle le plus petit. Quand il regarde au-dessus du mur et voit une réalité plus vaste – comme le point de vue d'une autre personne –, il ne se sent pas concerné. Mais son rôle n'est pas de nier l'âme et, s'il existe, c'est parce qu'il est nécessaire.

La force de l'évolution nous pousse en avant et nous attire vers les plus grands cercles. C'est l'âme qui nous tire ainsi par la manche, car elle connaît déjà toutes les couches de la réalité, de l'obscurité la plus profonde à la lumière éternelle.

Pendant des siècles et des siècles, personne n'avait la moindre idée du fonctionnement du cerveau, des lois de la gravité ou de l'existence des atomes. Mais ce n'est pas parce que nous ne les percevions pas qu'ils n'existaient pas. En fait, cette réalité infinie attendait que nous franchissions nos limites et, dès que nous l'avons fait, nos perceptions se sont modifiées et nous avons découvert un autre monde.

Parvenir à ressentir notre chagrin tout en comprenant le cheminement de l'âme nous procure une forme d'allégresse, car le message secret de la souffrance nous est alors révélé. Personnellement, j'ai pu accepter la mort de mon père d'une manière entièrement nouvelle : la sensation de perte s'est dissipée et il est devenu pour moi encore plus présent que par le passé. J'ai senti que je rencontrais mon vrai moi en rencontrant le sien, et nos âmes se sont réunies. J'ai ainsi franchi une frontière très difficile à passer sur le plan émotionnel. Le visage de mon père que j'aimais tant, sa voix, sa forme physique n'étaient plus là, et j'avais eu terriblement peur de l'avoir perdu en tant qu'individu. Or je sais maintenant que personne n'a d'individualité au niveau de l'âme, même si nous faisons tous semblant d'être des individus. La perte est une illusion projetée par l'ego qui ne croit qu'au « je » personnel.

Alors que sommes-nous en réalité, vous et moi ? Nous sommes une expression de l'univers entier. Celui-ci nous a donné naissance sous forme d'individus séparés, mais sans nous exclure de l'éternité. À cet instant même, nous sommes hors du temps aussi sûrement que nous sommes en lui.

Si le monde vous est nécessaire pour vivre, il a besoin de vous pour exister. Vous êtes pour lui le seul moyen d'expérimenter tout ce que vous sentez, voyez, touchez, pensez et désirez. Il ne peut le faire autrement. Formes et événements surgissent, puis retombent en poussière, et une partie de vous joue son rôle dans ces drames d'ombre et de lumière. Mais l'autre partie est pure conscience, pure créativité, pure possibilité. Vous ne faites qu'un avec la source et, quand vous mourrez, vous suivrez le même processus qui vous a conduit à naître. La source réorganisera les *patterns* une fois de plus. La vie après la vie est en tout point semblable à cet instant, où mort et naissance sont indissociables.

Pour rejoindre l'âme, il faut voyager d'un cercle de conscience à l'autre, mais cette expansion ne vous emporte nulle part. La pensée qui changera votre vie surgira peut-être un vendredi à Chicago ou un lundi à Jérusalem, mais ce ne sont que les éléments éphémères d'un simple décor. Les plans supérieurs dans lesquels vous vivez sont partout et nulle part. Les limites du temps et de l'espace, qui semblent si rigides lorsqu'on les voit du cercle intérieur, là où le corps se bat pour exister, s'assouplissent dans le domaine de l'art et de la musique, et s'adoucissent encore plus dans celui de l'amour.

Jésus a décrit ce voyage avec une concision magnifique quand il a dit que la liberté consistait à « être dans ce monde, mais pas de ce monde ». On trouve dans les Upanishad une autre formulation, également très belle : celui qui est dans l'ignorance écrit sa vie dans la pierre ; celui qui cherche l'esprit écrit sa vie dans l'eau ; et celui qui est libéré écrit sa vie dans l'air.

Joie et détachement constituent le but spirituel de la vie et, sur ce chemin de guérison, vous les rencontrerez parfois, alors qu'à d'autres moments, ni l'un ni l'autre ne vous seront accessibles. Votre ego hurlera ses exigences et vous ne ferez rien d'autre que vous occuper du je, du moi et du mien. C'est normal. Le plus petit cercle de votre être – l'emplacement de l'ego et de ses besoins – est un lieu aussi sacré que ses dimensions plus vastes. Dénoncer ce faux moi que tout le monde possède est une vision incomplète. Il est plus vrai de dire que nous écrivons tous notre vie dans la pesanteur de la pierre, espérant qu'un jour elle s'inscrira dans la fluidité de l'eau, et sachant que le temps viendra où elle nous entraînera dans la limpidité de l'air.

SECONDE PARTIE

CENT JOURS POUR GUÉRIR

Mon âme peut me guider vers la guérison et je rejoindrai alors mon vrai moi.

C'est avec cette première affirmation que nous allons initier le processus de guérison, et quatre-vingt-dix-neuf autres expressions de l'esprit vont suivre – une pour chaque jour – dont l'ensemble résume le processus de guérison émotionnelle et spirituelle. Elles détournent notre attention du monde extérieur et la dirigent vers notre monde intérieur où se trouve la source de lumière. La souffrance peut faire perdre à notre vie tout son sens. C'est ce qui est le plus dangereux en elle, beaucoup plus que la douleur qu'elle nous inflige. Or il n'y a que nous qui puissions retrouver ce sens. Les médecins ne peuvent le faire à notre place avec leurs médicaments, ni les amis avec leur aide et leur réconfort. Vous serez guéri quand vous pourrez vous dire : « Je me sens serein, aimé et respecté, je m'exprime facilement et librement, et je compte aux yeux des autres. »

La guérison intérieure implique de passer de l'ombre à la lumière. Le terme « lumière » fait ici référence à l'amour et à la compréhension – l'amour qui nourrit le corps émotionnel et la compréhension qui remplit les vides créés par la souffrance.

En contactant votre vrai moi, vous découvrirez que l'âme n'est pas passive. Elle en sait davantage sur nous que nous-mêmes et nous offre son aide à chacun de nos pas vers la complétude. Mais c'est un voyage où chacun doit découvrir son propre chemin. Il n'existe pas de carte pour s'orienter et personne n'emprunte le même trajet. Les grandes traditions de sagesse nous ont néanmoins enseigné toutes sortes de choses très utiles sur l'esprit et j'en ai tiré cent pensées qui, sous la forme d'affirmations, d'éclaircissements, de leçons et d'exercices, peuvent vous guider pendant cent jours. Elles ont aidé nos semblables à se guérir pendant des siècles et chacune d'elle est un *sûtra* – mot qui veut dire « fil » en sanskrit –, autrement dit un aphorisme qui a un pouvoir.

La lumière a le pouvoir de remplir le vide et de dissiper l'obscurité. La guérison comporte deux étapes : il faut d'abord éliminer l'énergie de la souffrance, puis la remplacer par celle de l'âme. C'est un processus très doux qui vous demande de suivre une sorte de fil guidant chacun de vos pas jusqu'à destination. Le minuscule élan de force nouvelle que vous sentirez au début grandira. Votre vrai moi est toujours prêt à relever les défis et à trouver les réponses qui vous aideront à sortir de vos dilemmes.

Ce lien avec votre vrai moi est essentiel. Dans les moments de peur et d'isolement, votre âme paraît lointaine et dénuée du moindre pouvoir. C'est votre ego qui vous donne cette impression – une impression que nous connaissons tous. Mais si vous prenez le temps d'écouter la voix de l'âme, celle que l'on entend quand l'ego est silencieux, vous serez stupéfait de voir le pouvoir dont vous disposiez sans le savoir depuis si longtemps. Aucune autre découverte ne donne autant de joie dans la vie que de retrouver son vrai moi. C'est un peu la même sensation que lorsqu'on tombe amoureux, sans qu'elle soit éphémère ni ne dépende d'un autre être. Votre vrai moi existera toujours et ne dépend que de vous. On dit généralement que la souffrance nous grandit : c'est parce que la force de la crise déracine nos vieilles habitudes de perception. L'inconnu se laisse alors entrevoir et, si vous lui ouvrez les bras, l'âme vous révélera son véritable sens – une vérité que vous n'auriez pu concevoir avant ce moment de crise. Voilà comment toute souffrance peut nous délivrer son message spirituel secret.

1er JOUR

Mon âme peut me guider vers la guérison et je rejoindrai alors mon vrai moi.

Cette première affirmation précise le but du processus de guérison : l'unité. Le principe est de commencer par lire cette affirmation – et toutes celles qui suivront – avec beaucoup d'attention. Absorbez tranquillement les mots. Fermez les yeux et répétez-les silencieusement. Prenez votre temps et respirez calmement. Puis lisez-les à voix haute. Vous pouvez les redire deux ou trois fois, autant que vous en éprouvez le besoin. Si vous sentez le doute vous envahir, laissez-le se manifester, puis disparaître. Ce phénomène de résistance est normal. Contactez la partie de vous qui comprend et accepte cette affirmation. Terminez en exprimant votre gratitude à votre âme et demandez-lui de vous inspirer et de vous éclairer tout au long de cette journée.

2e JOUR

À cet instant, mon âme est avec moi,
aussi proche que mon propre souffle.

Votre vrai moi est tout près de vous. C'est ce que vous devez affirmer aujourd'hui et, chaque fois que vous répéterez ces mots, finissez en respirant doucement et en visualisant votre souffle comme une lumière blanche, fraîche et apaisante. *La respiration est l'expression physique la plus subtile du mouvement de l'esprit. Quand vous respirez doucement et lentement, le corps se détend, le mental se centre dans le calme et le silence, et la voie est libre pour l'inspiration – pour le jaillissement de l'esprit.*

3e JOUR

Mon âme est en moi et hors de moi.
La lumière est partout.

Après avoir prononcé cette affirmation à voix haute, respirez doucement et visualisez une douce lumière blanche rayonnant dans toutes les directions et remplissant le moindre espace de votre corps et les moindres recoins de la pièce.

4e JOUR

Mon âme est mon vrai moi.
Elle me connaît et m'entend.

Après avoir prononcé cette affirmation, imaginez que votre être s'étend dans toutes les directions, comme le fait la lumière, et qu'il remplit la pièce, puis la maison, puis l'espace autour de la maison, de plus en plus loin. Tout cela est votre domaine. Ce monde qui vous entoure est baigné par l'esprit qui vous connaît et veille sur vous. Votre âme est à votre écoute.

5e JOUR

Mon seul véritable besoin
est de me connaître moi-même
comme mon âme me connaît.

Tel est le but de la guérison. Quand nous souffrons, nos besoins augmentent et prennent encore plus d'intensité que d'habitude. Nous nous sentons comme des enfants perdus, et ce sentiment d'abandon et d'impuissance est normal. C'est une résurgence du passé, un souvenir de ce que nous ressentions dans notre enfance. Mais ce dont vous avez vraiment besoin maintenant, c'est de connaissance et de force. Vous ne pourrez guérir sans comprendre et, une fois que vous aurez compris, vous trouverez l'énergie nécessaire pour vous libérer de la souffrance et poursuivre votre chemin.

6ᵉ JOUR

Mon âme voit mon être
complet et entier.

Vous allez découvrir une nouvelle image de vous – celle d'un moi qui n'est pas divisé. Cette complétude peut être définie comme ce qui ne change pas quand tout le reste change. Et ce qui ne change pas est l'esprit, dont la présence est perçue sous forme de joie dans le détachement. C'est ainsi que vous voit votre vrai moi.

7e JOUR

Mon âme connaît ma douceur.

Après avoir prononcé cette phrase, essayez de sentir votre douceur. Il n'est nul besoin d'utiliser la force. Pendant la journée, observez-vous en train de dire un mot gentil ou d'avoir un geste réconfortant. Ce peut être aussi simple que de dire merci, de presser l'épaule de quelqu'un, de dire un mot compréhensif. Observez ce que vous ressentez en le faisant. Soyez attentif. Souhaitez que cela se produise plus souvent, car c'est votre vrai moi qui agit alors.

8e JOUR

Mon âme sait que je suis paisible.

Après avoir prononcé ces mots, essayez de sentir ce calme qui vous habite. Il ne sert à rien de vous mettre en colère. Si vous sentez monter cette colère pendant la journée, rappelez-vous que ce n'est pas vous. Laissez cette énergie négative vous traverser comme un visiteur indésirable. Elle peut dire ce qu'elle veut, vous savez que votre être est ailleurs, avec votre vrai moi.

9e JOUR

Mon âme sait que je ne manque de rien.

Répétez cette affirmation disant que vous vous suffisez à vous-même et pouvez affronter ainsi tous les défis de l'existence. Puis reprenez vos activités quotidiennes en remarquant toutes ces choses que vous voulez acheter, tout ce que vous voulez posséder personnellement, tout ce à quoi vous vous cramponnez. Ne jugez pas ces pulsions, prenez-en simplement conscience. Rappelez-vous que toutes ces acquisitions vont et viennent dans votre vie, mais que vous êtes né avec tout le nécessaire en vous. Il ne vous manque rien. N'y a-t-il pas une angoisse derrière vos désirs ? L'ego veut acquérir des choses pour se rassurer, pour combler un manque. N'oubliez pas que tout ne fait que passer, sauf l'âme. C'est elle qui nous procure un sentiment d'épanouissement intérieur. Elle n'éprouve pas le besoin de posséder et la perte ne l'inquiète pas. Et comme elle ne manque de rien, le monde extérieur ne l'angoisse pas.

10e JOUR

Mon âme sait que je suis joyeux
de me sentir libre.

Après avoir répété cette affirmation, exercez-vous à ne plus vous accrocher à rien pendant le reste de la journée. Ne pas s'accrocher veut dire accepter tout ce qui se passe sans protester ni résister. Ce consentement, qui vous rend disponible, revient à dire : « Je vous accepte comme je m'accepte moi-même. » Cette ouverture met les autres à l'aise, ce qui en retour rend l'amour possible. Si vous vous sentez plein et complet à l'intérieur, s'il ne vous manque rien, si vos désirs vont et viennent facilement, vous serez toujours libre. Cette liberté procure une joie immense. Rien ne pourra vous blesser, parce que rien ne pourra atteindre votre vrai moi.

11e JOUR

Je verrai chacun
comme je me vois moi-même.

Après avoir prononcé cette affirmation, méditez-la quelques instants. Les êtres humains diffèrent les uns des autres et ces différences ne peuvent être niées. Nous n'avons pas la même apparence. Nous n'avons pas les mêmes goûts. Nous n'avons pas la même expérience. Si vous vous focalisez sur les différences, comme le fait l'ego, vous ne pourrez vous empêcher de vous trouver mieux ou moins bien que les autres. Le jeu des comparaisons conduit toujours au jugement. Mais vous n'êtes pas obligé d'y jouer. Sans vouloir effacer les différences, accordez à chacun ce que vous avez vous-même : la complétude. Voyez-les avec les yeux de votre vrai moi, en sachant que si vous êtes complet, vos semblables le sont nécessairement aussi.

12e JOUR

Je veillerai à satisfaire
tous mes besoins sauf un –
celui de juger les autres.

Méditez cette affirmation tout au long de cette journée. Vous devez renoncer à votre besoin de porter des jugements. Réfléchissez à ce qui se passe quand vous jugez quelqu'un et lui donnez tort : il ne devrait pas sentir ce qu'il sent, avoir cette apparence, exprimer certaines opinions. Le jugement crée aussitôt une séparation. Toute personne qui a tort rejoint le camp des « eux ». Le besoin de juger est une forme de défense de l'ego qui vous éloigne de votre vrai moi. Les murs qui vous protègent des autres font également obstacle à l'esprit. Apprendre à ne pas juger, c'est se dire en toutes circonstances : « Je m'ouvre à tout ce qui se présente sans décider d'abord si c'est bon ou mauvais. » En pratiquant cette ouverture, vous inviterez votre âme à se rapprocher toujours plus intimement de vous.

13e JOUR

Je n'opposerai pas de résistance aux autres.

Cette affirmation va vous aider à surmonter les obstacles. Voici ce que vous devez faire aujourd'hui : efforcez-vous d'écouter les gens auxquels vous ne prêtez pas attention habituellement, acceptez une suggestion ou un compliment que vous auriez normalement repoussé, regardez bien en face une personne dont l'apparence vous semble déplaisante. Sentez comme cette ouverture est toujours contrée par la tendance opposée, celle qui vous pousse à rester isolé. Votre résistance est-elle forte ou faible ? Comment vous sentez-vous quand vous résistez ? En vous ouvrant ainsi de plus en plus largement, vous découvrirez que cette absence de résistance est le secret de la progression spirituelle et qu'elle accroît votre faculté d'aimer.

14e JOUR

Je ne m'opposerai pas de résistance.

Il est important de vous accepter. Vous allez vous y exercer aujourd'hui en cessant de rejeter ce que vous n'aimez pas en vous. Les formes les plus courantes de cette résistance sont la négation – « je ne sens rien » – et le refoulement – « je n'ai pas le droit de le sentir ». Aujourd'hui, chaque fois que vous rencontrerez des situations qui en temps normal vous irritent ou vous stressent, efforcez-vous de ressentir ce qui se présente. Si vous voyez quelque chose de beau ou qui vous réchauffe le cœur, ne faites pas comme d'habitude et ne repoussez pas vos sentiments. Laissez votre réaction se dérouler naturellement. Et surtout, ne considérez pas votre première impression comme définitive. La négation et le refoulement se précipitent aussitôt pour fermer la porte aux émotions. Revenez mentalement deux ou trois fois sur chaque situation qui a éveillé une réaction et laissez remonter à la surface vos sentiments profonds.

15e JOUR

Mon vrai moi réagit avec amour.

Vous allez aujourd'hui réfléchir à la nature de l'amour. L'amour a deux visages : personnel et impersonnel. L'amour personnel est celui que l'on ressent quand le « je » gagne quelque chose – plaisir, approbation, alliance, prestige – et il a pour fondement les besoins de l'ego. Vous ne pouvez offrir cette forme d'amour sans qu'il y ait un accord, un échange, un marché. Si l'une des parties ne respecte pas ses engagements, cet amour prend fin. L'amour impersonnel, lui, provient du vrai moi qui n'exige rien de personne. On n'est pas pour autant indifférent aux autres, mais le sentiment va beaucoup plus loin que la personnalité et l'ego. Ce genre d'amour procure un plaisir intense sans qu'on ait de prix à payer, car on ne doit son bonheur à personne. Être délié de l'ego donne à l'âme une grande liberté qui lui permet de trouver de l'amour dans tout ce qu'elle voit. Là où l'ego réagit par la peur, la colère, l'attachement, l'avidité, la fuite, la haine, la violence ou l'agression, le vrai moi ne sent que l'écoulement régulier de l'amour impersonnel. Méditez aujourd'hui cette vérité spirituelle en sachant que cet amour provenant de l'âme est là qui vous attend.

16e JOUR

Je regarderai aujourd'hui quelque chose comme si je le voyais pour la première fois.

Prenez le temps aujourd'hui de regarder ce qui vous entoure en ressentant la même impression que lorsque vous l'avez vu pour la première fois. Votre âme regarde chaque expérience avec des yeux neufs. Ce ne sont pas les choses autour de vous qui sont fanées et défraîchies, mais votre perception qui est altérée. Observez comme vous décidez en un clin d'œil si vous les aimez ou non. Ce sont vos vieux souvenirs qui vous disent comment réagir, et vous savez d'avance ce qui vous plaît ou vous déplaît, ce que vous acceptez ou refusez. Mais vous pouvez adopter une autre attitude. Dans le minuscule espace précédant votre réaction – ou dans la pause que vous vous accordez après –, vous pouvez vous ouvrir. Laissez votre âme réagir, et vous verrez qu'elle apprécie les choses. Prenez le temps aujourd'hui d'admirer consciemment, avec un regard neuf, une fleur, un voilage qui se soulève dans la brise, un enfant qui joue, un arbre au bord de la route – tout ce qui d'habitude fait pour vous partie du décor et devrait pourtant attirer votre attention.

17e JOUR

J'offrirai à quelqu'un
la lumière de l'amour.

Votre pratique aujourd'hui concerne la communication : éprouvez consciemment un élan d'amour, puis faites-en don en l'envoyant vers quelqu'un qui en a besoin, vers une personne que vous aimez, ou vers tous les habitants de la Terre. Puis lâchez prise. Ce don sera reçu dans la banque spirituelle où la lumière est collectée.

18e JOUR

Je récuserai le jugement négatif que j'ai porté sur quelqu'un.

Votre pratique concerne aujourd'hui le pardon : pensez à une personne que vous avez jugée négativement, puis réfutez ce jugement. Trouvez les mots qui vous conviennent – je suis désolé, je ne voulais pas dire ça, j'ai changé d'idée, je retire tout ce que j'ai dit de blessant –, mais ne vous limitez pas à ces paroles. Créez en vous un espace empli d'amour où vous pourrez vraiment faire amende honorable avec sincérité. De simples pensées négatives ont pu causer des blessures que vous allez guérir en retirant votre jugement.

19e JOUR

Chacune de mes pensées a le pouvoir de blesser ou de guérir.

La phrase que vous devez méditer aujourd'hui concerne l'énergie spirituelle. Toute pensée concernant vos semblables les attire ou les repousse. Le pouvoir qui les attire est l'amour. Lorsque vous éprouvez de l'amour envers quelqu'un, votre instinct naturel est de le prendre dans vos bras, et la personne que l'on étreint sent s'alléger son sentiment de séparation. La peur, en revanche, repousse les autres, et chaque fois que vous repoussez quelqu'un, vous activez ce sentiment de séparation. Vous croyez peut-être que vos pensées sont inoffensives, mais la fragilité émotionnelle des êtres humains les rend vulnérables. Faites aujourd'hui bon accueil à tous ceux que vous rencontrerez. Le bien que vous leur ferez vous fera du bien aussi.

20e JOUR

J'utiliserai sagement mes pensées et je respecterai leur pouvoir.

Vous êtes responsable de vos pensées. Après avoir prononcé cette affirmation, restez tranquillement assis, fermez les yeux et visualisez tous les gens que vous connaissez comme s'ils étaient réunis sur la grand-place d'une ville. Imaginez que vous êtes le maître de cette assemblée et que vous avez le pouvoir de faire du bien ou du mal à chacun d'entre eux. Regardez à présent tous ces visages qui lèvent les yeux vers vous et dites-leur : « J'utiliserai mon pouvoir avec sagesse. » Par cette promesse, vous reconnaissez votre rôle dans la guérison d'autrui et vous mettez vos pensées au service de l'esprit.

21e JOUR

Je demande à l'univers de m'écouter.
J'ai besoin qu'il s'intéresse à moi.

Cette requête vous demande de tendre la main par-delà vos propres limites. L'intelligence infinie qui vous entoure est à tout moment disponible. Appelez-la en demandant à être entendu. Le besoin d'être entendu est différent du besoin d'attention. Demandez consciemment à cette intelligence supérieure de vous aider, et vous verrez au fil du temps qu'elle le fait. Ce que vous voulez se produira plus facilement, comme guidé par une main invisible. Pour votre vrai moi, cette maîtrise du temps et de l'espace n'a rien de magique. Tout cela fonctionne de manière très subtile, mais c'est vous, en fait, qui êtes le magicien. Alors dites aujourd'hui à l'univers que vous avez besoin qu'il s'intéresse à vous et il en tiendra compte.

22e JOUR

Je peux trouver mon âme ici et maintenant.

Seul compte le moment présent. Efforcez-vous aujourd'hui d'être aussi présent que possible et, chaque fois que vous réaliserez que vous vous êtes éloigné du moment présent, demandez à y être ramené. Notre mental s'échappe facilement en fantasmant sur le futur ou en repensant au passé. Quand un malheur nous frappe, nous anticipons la souffrance à venir ou nous nous souvenons de celles que nous avons déjà éprouvées. Tous ces détours nous font quitter l'ici et maintenant – le seul lieu où l'on peut trouver son âme.

23e JOUR

Cet instant est le centre immobile autour duquel tourne le monde.

Vous allez méditer aujourd'hui sur la focalisation. Tout est constamment en mouvement autour de vous. Vous courez après les événements et ne cessez de remettre à plus tard le jour où vous pourrez vous arrêter. Mais cet arrêt ne peut se produire que maintenant et vous devez pour cela apprécier ce que contient l'instant présent – l'immobilité. Cette immobilité recèle un trésor que l'on peut découvrir grâce au calme mental – ce silence intérieur qui est le regard serein de l'âme. Voilà pourquoi le moment présent est particulièrement précieux : il est le point immobile autour duquel tourne le monde

24e JOUR

Je dois trouver en moi le repos et la paix.

Vous allez aujourd'hui travailler sur l'attention. Tout ce que vous allez rencontrer va réclamer votre attention, mais vous ne l'accorderez qu'après l'avoir mise au repos. Car vous pouvez prêter attention à ce qui vous entoure de deux manières : avec un esprit agité, ou avec un esprit paisible. Vous avez toujours ce choix. Vous croyez peut-être que l'agitation de votre mental est normale, mais sa nature profonde est d'être calme. Aujourd'hui, chaque fois que vous sentirez que votre attention est dispersée, agitée, instable, mécontente, obsédée par des impératifs extérieurs – plannings de travail, délais à respecter, etc. –, arrêtez-vous et faites ce nouveau choix. Cherchez en vous le lieu paisible d'où vous pourrez voir la suite des événements. Arrêtez le bavardage incessant et la tension perpétuelle de votre dialogue intérieur et découvrez ce calme mental qui est au cœur de votre vrai moi.

25e JOUR

Je respecte
et j'apprécie mon calme intérieur.

Vous devez méditer aujourd'hui sur la valeur du calme intérieur. Après avoir prononcé cette affirmation, reprenez votre activité quotidienne en tenant parole et en manifestant ce respect. Appréciez ce calme en vous arrêtant de temps à autre pour goûter cette paix, ne serait-ce qu'un instant. Cette pratique est l'un des trésors de l'âme.

26e JOUR

Je serai ouvert
au soutien que m'offre l'esprit.

L'esprit peut vous guider. Efforcez-vous aujourd'hui de chercher ce guide intérieur. Nous avons tous besoin de soutien et nous le cherchons généralement à l'extérieur – auprès de notre famille, de nos amis, de nos collègues et des gens qui ont la même façon de voir que nous. Ce genre d'encouragement vous donne le sentiment que vous avez raison, et votre ego s'assure ainsi que vous n'êtes pas tout seul. Mais l'esprit veut se développer en vous de façon originale. Il offre son aide à la personne intérieure et, au lieu de vous confirmer que vous avez raison, son soutien accroît votre sensation d'être libre, serein, aimant et conscient. Ouvrez-vous à ces sentiments, car cette ouverture est le premier pas vers la transformation.

27e JOUR

J'apprécierai le soutien que m'offre l'esprit.

Il y a des moments dans la vie où l'on se sent seul et où l'on perd confiance en soi. Il est alors important de prendre conscience de sa vraie valeur – de la valeur spirituelle qui est celle de notre âme. Selon les circonstances, vous avez parfois envie de revendiquer, de désapprouver ou de résister, mais ne suivez pas ces impulsions. Restez serein, acceptez la situation, puis observez ce qui se passe. Voyez-vous des signes montrant que vous pouvez obtenir ce que vous désirez sans opposer de résistance ou imposer votre volonté ? Appréciez le soutien que vous offre l'esprit, et l'emprise de l'ego se relâchera aussitôt. Vous avez la faculté de voir n'importe quelle situation avec l'œil de l'esprit – et non celui de l'ego – et si vous la cultivez, elle progressera.

28e JOUR

Nous partageons tous notre humanité.
Je peux donc comprendre autrui
comme moi-même.

Nous privilégions l'aspect individuel de la nature humaine alors que nous partageons tous notre humanité. Essayant d'ignorer cette vérité, l'ego aborde toutes les situations en partant du principe que ce sont *mes* idées, *mes* sentiments et *mes* perceptions qui sont les plus importants. Dans l'optique de l'esprit, toutes les idées, tous les sentiments et toutes les perceptions sont partagés. Cette façon de voir est un formidable atout, car la faculté de pouvoir regarder le monde d'un autre point de vue que le sien, en se déplaçant hors de ses frontières, est extrêmement précieuse. Votre vrai moi peut vous aider à acquérir cette perspective plus large. Laissez se faire cette expansion et prenez conscience de la manière dont les autres voient la situation. Dès que vous y parviendrez, l'amour et la compassion surgiront spontanément.

29e JOUR

Nous partageons tous notre humanité.
Je peux donc accepter autrui
comme moi-même.

Nous avons tendance à rejeter certains de nos semblables – ceux que nous cataloguons comme « méchants » ou « malfaisants ». Mais personne n'est exclu de la vie et chacun joue son rôle dans la pièce. L'ego ne veut voir qu'un seul aspect du drame, celui qui l'intéresse. Il néglige tout le reste alors que vous êtes concerné par l'ensemble du spectacle. Même si votre esprit conscient ne se focalise que sur une partie de la scène, vous participez sur un plan profond à tout ce qui se passe – pas seulement à *mon* bonheur, *ma* tristesse, *mon* triomphe, *ma* compréhension, mais au bonheur, à la tristesse, au triomphe et à la compréhension de l'humanité. Votre prochaine pensée va s'ajouter à l'expérience que nous partageons tous et dont chacun de nous tire profit ; les prochaines pensées d'innombrables personnes que vous n'avez jamais rencontrées vont s'ajouter à votre propre expérience. D'une certaine manière, chacun de nous contient tous les autres et, quand vous aurez compris que toute expérience est partagée, vous pourrez accepter tous les êtres humains, aussi différents de vous soient-ils, comme vous-même.

30e JOUR

Nous partageons tous notre humanité.
Je peux donc aimer autrui
comme moi-même.

L'amour est l'aboutissement de l'acceptation. Essayez aujourd'hui de regarder quelqu'un sans idée préconçue – par exemple un enfant qui joue dans un parc ou un homme qui dîne tout seul au restaurant. Sentez que lui aussi existe, tout comme vous. N'y a-t-il pas de l'amour quand on prend conscience du visage d'un inconnu, d'un geste, d'un regard ? Cette absence de parti pris permet à votre antenne intérieure de capter un nouveau signal qui ne concerne plus la personnalité d'autrui, mais son essence. Et lorsqu'on perçoit cette essence – l'esprit –, la réaction naturelle est l'amour.

31e JOUR

Je ne suis pas mon corps
– il est de la terre recyclée.
Je ne suis pas mon souffle
– il est de l'air recyclé.
Je ne suis pas mes émotions
– elles sont de l'énergie recyclée.
Je ne suis pas mes pensées
– elles sont de l'information recyclée.

Ces phrases évoquent la question de l'identification. En prononçant chacune d'elles, sentez votre corps, votre respiration, vos émotions et vos pensées. Tout cela vous appartient, mais ce n'est pas vous. Vous êtes celui qui les observe – l'expérimentateur derrière l'expérience. La matière et l'énergie se recyclent à travers vous et tout change continuellement, sauf le vrai moi qui organise votre vie comme le chorégraphe une danse, en guidant chacun de vos pas sans monter lui-même sur scène.

32e JOUR

Je ne suis pas mon ego qui est seul et isolé.
Je ne suis pas ma personnalité
qui n'est qu'une
combinaison de relations.
Je suis l'observateur qui ne change pas.

Ces phrases traitent de la réalité du « je ». Au niveau de l'âme, vous êtes un témoin silencieux qui expérimente le monde avec un joyeux détachement. C'est une expérience réelle, que l'on peut partager, mais on ne peut y accéder sans maîtriser les prétentions de l'ego et de la personnalité. Tous deux affirment que le « je » est un être qui naît et qui meurt, qui vit à l'intérieur du corps et qui est affecté par les continuels changements du monde. Se battre contre cette manière de voir ne sert à rien parce que l'ego et la personnalité veulent survivre à tout prix et disposent de stratégies efficaces pour le faire. Laissez-les jouer leur rôle. Votre ego représente votre individualité séparée, et votre personnalité est le produit de toutes les relations que vous avez eues depuis votre naissance. Prenez conscience que vous n'êtes ni l'un ni l'autre. Dans les moments où votre agitation mentale se calme, sentez que vous êtes le témoin silencieux – cet habitant secret qui est à la source de toute expérience.

33e JOUR

J'observe ma conscience au repos
pour trouver mon vrai moi.

Tout au long de cette journée, soyez attentif à votre conscience. Elle est parfois agitée et active, généralement quand des événements extérieurs la pressent et lui demandent de réagir. Mais, à d'autres moments, elle est plus calme et regarde au lieu d'agir. Vous pouvez alors découvrir en vous l'observateur qui, dans la perspective de votre âme, est votre véritable moi. L'activité va et vient, mais l'observateur est stable et toujours présent. Si vous vous identifiez à lui, vous vous attacherez moins à tout ce qui change. Car votre véritable moi ne change pas.

34ᵉ JOUR

Ne faisant qu'observer,
je n'en veux à personne.

Quand nous reprochons aux autres de nous traiter injustement, notre colère et notre ressentiment se fondent sur des blessures dont l'existence est indéniable. Mais seul notre ego a été blessé. « Je » me sens offensé et mon ego est incapable de pardonner. Le témoin silencieux, lui, ne peut être touché et n'a donc rien à reprocher à personne. Si vous adoptez son point de vue, vous pourrez compatir au sentiment d'injustice que ressent l'ego, comme au chagrin d'un enfant qui a mal, sans espérer modifier son point de vue. Consolez votre ego comme vous consoleriez cet enfant, mais sans perdre de vue la perspective de l'esprit pour qui souffrance et plaisir ne sont que des sensations passagères.

35e JOUR

Ne faisant qu'observer, je considère toutes les parties de moi-même avec attention et amour.

Le besoin d'être rassuré est une constante de la nature humaine. Passez en revue tous les aspects de votre être et vous verrez que chacun d'eux a besoin d'être rassuré. Votre ego cherche à se rassurer en ayant le sentiment d'avoir raison – « je » me sens inquiet quand je sais que j'ai tort ou quand on me dit que j'ai tort. Votre personnalité se rassure lorsqu'elle se sent acceptée par les autres, mais s'inquiète dès qu'elle sent des différences. Votre mental se sent rassuré quand il comprend les choses et se tourmente dans le cas inverse. Votre corps est rassuré quand il se sent équilibré et n'éprouve pas de douleur. Votre affectivité est rassurée quand elle se sent heureuse et ne craint pas de conflit. Vu la diversité de ces besoins, on pourrait croire qu'ils n'ont aucun point commun, alors que c'est le contraire : lorsqu'on le considère avec attention et amour, chaque aspect se sent rassuré. L'ego, la personnalité, le corps, le mental et l'affectivité métabolisent l'amour à leur propre niveau. L'observateur sait que l'attention et l'amour sont les forces de guérison les plus puissantes, et il les dispense sans compter.

Ne laissez jamais tarir leur source, et plus vous connaîtrez intimement votre vrai moi, plus elles s'écouleront naturellement de vous.

36e JOUR

Je donne attention et amour,
mais je les reçois également.

Il est aussi important de recevoir que de donner. Au niveau de l'âme, l'amour est un rayonnement permanent qui émet continuellement la même énergie. Vous êtes vous-même constamment en train de donner. Et, au niveau de leur âme, vos semblables irradient la même attention et le même amour, et vous les recevez constamment vous aussi. Or beaucoup d'entre nous trouvent plus difficile de recevoir que de donner. C'est l'ego qui est à l'origine de ce malaise, car il se sent fort lorsque c'est lui qui donne, et faible dans le cas inverse. Vous n'êtes pas obligé d'accepter son point de vue. Considérez cette attention et cet amour comme un simple échange entre votre âme et celle des autres. Recevez aussi librement que vous donnez, sans obligation. Cette attention emplie d'amour est une attitude naturelle que vous apprendrez à apprécier de plus en plus en vous.

37e JOUR

Rien ne m'oblige à participer à
la lutte entre les ego.

L'ego est toujours en conflit car le « je » ne peut se connaître qu'en s'affrontant aux autres « je ». Cette bagarre prend de nombreuses formes, dont certaines sont de véritables fléaux. La guerre, par exemple, est une version très répandue de ce conflit entre ego. L'intolérance et les préjugés en sont la manifestation sociale. La haine religieuse est un autre masque de l'ego : votre Dieu est inacceptable parce qu'il n'est pas en accord avec le mien. Rien ne vous oblige à participer à la lutte entre les ego. Votre vrai moi sait que chacun de nous contient tous les autres. Vous n'avez donc aucun intérêt à protéger votre point de vue personnel et cette prise de conscience neutralise la source du conflit.

38e JOUR

Je n'ai pas besoin de défendre mon point de vue.

Se contenter de tolérer autrui est une déformation de la vraie tolérance. Celle-ci surgit quand vous ne vous sentez plus obligé de défendre votre point de vue. Vous pouvez respecter celui d'autrui sans l'adopter, ce qui veut dire que vous ne portez pas de jugement – ce jugement qui affirme que l'un a forcément raison et l'autre tort. Vous devez également vous défaire de l'attachement qui vous fait croire que votre opinion est la seule valable. Avec ce double renoncement, la motivation qui vous faisait défendre votre point de vue disparaît. Au niveau de l'âme, votre vrai moi connaît tous les points de vue, dont aucun ne prime sur les autres. Il les considère comme des productions mobiles et fluctuantes de nos ego séparés et ne voit aucune raison de défendre les sables mouvants de la personnalité comme s'il agissait de terre ferme.

39e JOUR

Je m'enrichis de tous les points de vue.

L'ego se rassure en excluant et passe son temps à diviser notre expérience en « mien » et « non mien ». Laissez-le faire, mais sachez que tous ces points de vue qui ne sont pas vôtres peuvent vous enrichir. Votre vrai moi ne cherche pas à remplir un vide ; il apprécie les expériences de la vie comme un amateur d'art les reproductions qu'il collectionne. Celui-ci s'imprègne des images qu'il contemple, mais il ne se prend pas pour elles. De même, les autres points de vue que le vôtre peuvent vous enrichir sans que vous vous y identifiiez. Un point de vue est une simple perspective, un cadrage particulier. Toutes ces facettes de la réalité sont comme les divers angles sous lesquels on peut prendre une photo. Vous regardez la photo, vous appréciez son cadrage, mais vous ne vous y attachez pas et continuez à vous intéresser aux photos suivantes.

40e JOUR

L'appréciation est le point de vue le plus élevé – elle est la perspective divine.

Depuis des millénaires, les êtres humains essaient d'approcher Dieu par toutes sortes de cultes et cherchent à comprendre le fonctionnement de l'esprit divin afin de s'en inspirer pour leur propre vie. Or il est dit qu'après avoir créé le monde, Dieu a regardé ce qu'il avait fait, trouvant que « c'était très bon ». Il a pris le temps d'apprécier son œuvre. La faculté d'appréciation est rarement considérée comme une qualité spirituelle, alors qu'elle est la plus élevée de toutes. Quand vous appréciez quelque chose, vous ne vous faites pas passer en premier. L'ego n'est pas en jeu. L'appréciation est une forme d'amour et d'attention que l'on porte à la création. Apprécier sa beauté, c'est contempler le divin, et plus votre appréciation est profonde, plus vous la regardez avec les yeux de l'âme.

41e JOUR

J'apprécierai ma propre richesse
et tout ce qui constitue ma vie,
y compris ma souffrance
qui elle aussi m'enrichit.

Nous devons cultiver l'humilité, cette modestie qui nous saisit face à l'immensité de la création et à son abondance infinie. On dit en Inde que l'humilité s'incline devant Dieu comme un arbre chargé de fruits mûrs. Or c'est une attitude que l'ego redoute. Le « je » a peur de se sentir rabaissé. La meilleure manière de lutter contre cette tendance est d'apprécier sa propre richesse. Le drame de la vie qui se joue en vous ne ressemble à aucun autre. Il comporte une vaste gamme d'expériences, dont celles de la douleur et de la souffrance, mais aussi celle de la guérison. Prenez conscience de ces jeux d'ombre et de lumière qui sans cesse accroissent la richesse de votre vie.

42e JOUR

J'invite mon ombre à remonter
vers ma conscience –
le premier pas vers sa guérison.

Nous avons tous un « revers », une face cachée constituée de pulsions malveillantes incluant haine, peur et agressivité. Quand elles surgissent de notre inconscient, notre réaction normale est de les refouler. Nous dissimulons notre ombre, mais elle ne s'en va pas et cherche à s'exprimer, comme n'importe quelle énergie. Vous ne pourrez guérir si vous l'emprisonnez en vous. Mieux vaut l'inviter à remonter vers votre conscience, ce qui ne veut pas dire laisser libre cours à votre rage, votre terreur ou votre soif de vengeance. Envoyez-lui simplement un message disant que vous ne fuyez plus cette face obscure de votre être et lui reconnaissez le droit d'exister.

43e JOUR

Mon ombre me protège et
je lui en suis reconnaissant.

C'est parce que vous avez refoulé votre ombre qu'elle vous fait peur. Mais elle ne se considère pas comme votre ennemie. Elle est plutôt votre gardienne et vous protège en retenant ces énergies qui vous font honte. Votre sentiment de culpabilité n'a pas trouvé d'autre solution que le refoulement. Vous refusez de regarder et d'écouter ces énergies négatives qui ont été poussées sous le tapis et n'ont jamais pu vous communiquer le message spirituel qu'elles recelaient. Cette lacune freine votre développement et, grâce à votre ombre qui a conservé en vous ces vieilles expériences douloureuses, vous pouvez à nouveau les affronter. Quand ces sentiments de rage, de peur, de terreur et de vengeance réapparaîtront, contentez-vous de les voir et de les comprendre. Ils vous délivreront alors leur message et s'en iront. Et votre ombre guérie ne vous fera plus peur.

44e JOUR

Comme mon ombre, ma peur est une alliée.

Vous devez faire face à votre peur qui, comme votre ombre, ne vous veut pas de mal. Elle aussi veut vous protéger. Nous avons tous engrangé dans notre mémoire des souvenirs terrifiants et, en vous les remémorant, la peur veut vous empêcher de recréer les mêmes situations traumatisantes. Tant que vous la refoulerez, vous ne pourrez la considérer comme une alliée. Mais vous devez aller plus loin en comprenant qu'au niveau de l'âme, elle ne vous est d'aucune utilité car vous n'avez aucun besoin d'être protégé. Vivre le présent n'est pas dangereux et se souvenir du passé ne sert à rien. Abordez la vie dans cette perspective et rassurez-vous en vous répétant que l'âme n'a pas besoin de protection. Examinez votre peur, demandez-lui d'où elle vient et ce qu'elle veut que vous sachiez. Écoutez ce qu'elle peut vous apprendre, calmez-la et dites-lui de s'en aller.

45e JOUR

Mon ombre et moi avons le même but –
rejoindre la lumière.

Lumière et ombre semblent des opposés que nous avons tous appris à considérer comme deux ennemis inconciliables. La dualité se fonde sur la séparation, alors que l'âme ne rejette pas l'obscurité et perçoit l'harmonie du tout. Votre ombre le sait. En retenant cette énergie négative en vous, elle essaie d'attirer votre attention, non pour vous faire peur ou vous mettre en rage, mais pour que vous puissiez transformer ces sentiments en compréhension – cette compréhension qui est la lumière.

46e JOUR

Au lieu de rejeter ma souffrance,
je demanderai qu'elle soit transformée.

Nombre d'émotions sont difficiles à ressentir et celles qui accompagnent la souffrance sont les plus pénibles – le lourd fardeau de la tristesse, la douleur lancinante de l'amour perdu, la terrible inquiétude associée à une grave maladie. Ce sont des sentiments qui durent et ne se dissipent pas facilement. On doit vivre avec eux jusqu'à leur terme. Or votre âme peut vous aider à guérir en transformant votre souffrance. Demandez-lui de vous détacher d'elle, de vous livrer son sens caché et de vous montrer le chemin du retour à la joie. Quand la souffrance nous envahit, nous éprouvons aussitôt le besoin irrépressible de la rejeter en la niant, l'engourdissant ou la refoulant. Ces attitudes ne font que la prolonger. Mieux vaut accepter de la ressentir, non pour souffrir, mais pour demander à l'esprit de vous guider. La transformation est toujours possible, même dans les situations les plus extrêmes. Restez ouvert et demandez sans rien attendre. Laissez le réconfort venir de n'importe où. Votre vrai moi ne souhaite pas vous voir souffrir, mais il sait que cette souffrance fait partie de votre voyage spirituel.

47e JOUR

Toute souffrance peut être libérée sous forme d'énergie.

La souffrance est une sensation extrêmement subjective. Quand la douleur est intense, elle génère toutes sortes de pensées – de la résignation et du désespoir à la colère et à la révolte. Une terrible angoisse envahit celui qui souffre. Or on peut aborder la souffrance de manière plus objective en ne s'attardant pas sur ces idées et ces sentiments et en la considérant comme de l'énergie. Apprenez à ignorer cette voix qui ne vous est d'aucune aide et trouvez plutôt en vous ce centre qui reste objectif et paisible en toutes circonstances. Puis demandez-lui d'éliminer les énergies qui sont à l'origine de votre souffrance. Rien ne peut nous immuniser contre le contact de l'âme. C'est un processus qui demande du temps, mais il peut arriver qu'il soit plus rapide. Il est cependant préférable de ne pas l'entreprendre seul et on trouve dans toutes les villes des professionnels qui travaillent sur l'énergie. Commencez par faire appel à votre objectivité, en demandant à l'esprit de vous sortir de ce chaos émotionnel et de vous faire clairement comprendre comment ces énergies douloureuses peuvent être dissipées. Puis restez vigilant et guettez les signes de cette aide intérieure ou extérieure qui peut se présenter sous d'innombrables formes.

48e JOUR

Je débusquerai en moi
tout besoin secret de souffrir.

Vous devez vous autoriser à guérir. L'esprit veut transformer votre souffrance afin de l'éliminer totalement, mais il ne peut le faire sans votre permission car votre âme respecte votre libre arbitre. Vous devez être convaincu que vous voulez mettre un terme à votre souffrance. Il est difficile de comprendre pourquoi certains de nous s'y cramponnent. Sans doute leur procure-t-elle un bénéfice secondaire en donnant au « je » l'impression qu'il est important, qu'on le remarque, qu'il est le centre de l'attention. Elle affaiblit le besoin de prendre soin de soi et de faire face aux difficultés et aux crises. Pour que la guérison puisse librement s'effectuer, toutes ces motivations secrètes doivent être éliminées – même si elles ne peuvent la bloquer totalement. Prenez aujourd'hui la résolution de ne pas garder la moindre arrière-pensée qui puisse prolonger votre souffrance.

49e JOUR

Quel que soit le bénéfice
que me procure ma souffrance,
je peux l'obtenir sans souffrir.

Quels que soit les effets « positifs » de votre souffrance, il existe un chemin plus sain qui n'implique pas de souffrir. L'ego a toutes sortes de besoins puérils et, quand on se sent trop coupable ou honteux pour admettre que l'un d'eux nous motive encore, la souffrance peut venir à la rescousse. Elle est alors un moyen douloureux d'obtenir satisfaction sans rien demander directement – une stratégie qui est généralement inconsciente. Il ne sert à rien de vous juger si votre souffrance est en rapport avec ce besoin d'attention. Le jugement est toujours le problème et jamais la solution. Demandez à votre âme de vous donner ce que vous voulez vraiment. Peut-être avez-vous besoin d'amour ou de reconnaissance ? Peut-être espérez-vous qu'on va venir à votre secours ? Toutes ces attentes sont légitimes et l'esprit peut les satisfaire.

50e JOUR

La transformation est toujours possible.

Une fois tous les blocages éliminés, tout en vous est prêt à changer et vous pouvez modifier votre paysage intérieur. Déplacer une montagne le change complètement et, au lieu de créer un vide, les énergies libérées laissent derrière elles de nouvelles opportunités que vous devez saisir. N'exigez pas de vous une transformation émotionnelle complète. Quand de vieilles énergies douloureuses s'en vont, quand vous sentez que s'estompe le besoin de souffrir, il y a toujours un instant de clairvoyance vous donnant des indices sur ce que vous devez faire ensuite. Vous allez par exemple découvrir que vous avez envie de refaire de la musique, de visiter une ville inconnue ou de vous éloigner d'une personne négative pour vous lier avec un ami plus positif. Ces modifications du paysage extérieur reflètent celles de votre paysage intérieur. La transformation est rarement instantanée et ne se produit pas d'un coup de baguette magique. Elle se manifeste par un enchaînement de nouvelles possibilités qui se présentent à vous l'une après l'autre. Quand tous les chaînons sont en place, la chaîne est constituée : votre transformation est achevée. Il vous vient alors toutes sortes d'idées qui disent toutes la même chose : « Je peux maintenant faire tout ce que je croyais ne pas pouvoir faire avant. » Et au bout du chemin, tous ces petits pas vous mèneront vers la réalité divine à laquelle vous pensiez ne jamais pouvoir accéder.

51e JOUR

Je demanderai à apprendre la manière de voir de l'esprit.

Notre éducation et notre conditionnement font que nous connaissons parfaitement le mode d'action de l'ego. Or l'approche de l'âme est différente, et nous devons également l'apprendre. C'est une démarche plus consciente que celle que nous avons vécue dans notre enfance, quand nous suivions les diktats du « je », du « moi » et du « mien ». Nous n'avions aucune autre perspective, alors qu'à l'âge adulte, nous pouvons adopter de nouvelles idées, de nouveaux sentiments, de nouvelles réactions et perceptions, afin de modifier les habitudes acquises au fil du temps. Vous devez donc apprendre cette nouvelle manière de voir qui vous demande de privilégier désormais votre monde intérieur et d'attacher moins d'importance au vécu extérieur.

52ᵉ JOUR

Dans la perspective spirituelle, la conscience est le fondement de tout.

Dans la perspective spirituelle, notre conscience émerge de l'âme qui est conscience pure, non née, à jamais identique, parfaitement silencieuse. Elle sait et englobe tout. Nous en sommes tous issus et pouvons donc tous retrouver cet état de conscience qui n'est ni en nous, ni hors de nous, mais au-delà de la dualité. Être pleinement conscient, c'est être là où se créent le corps et l'esprit. On ne peut accéder instantanément à ce plan, mais l'âme essaie sans cesse de nous contacter et, en élargissant notre propre conscience, nous ouvrons les canaux de communication. Cette conscience est un auxiliaire indispensable pour aborder tous les défis de la vie. L'âme ne nous pousse pas à rester passif. Elle peut nous inciter à l'action – mais à une action inspirée par la conscience que l'on appelle dans les grandes traditions de sagesse l'« action juste » : vous faites alors spontanément ce qu'il faut en toutes circonstances, sans que vos actes soient impulsifs ou dictés par des habitudes. C'est donc par l'intermédiaire de la conscience que l'esprit se manifeste à travers le corps et le mental.

53e JOUR

La conscience de l'âme est plus profonde
que celle du mental.
En la contactant, je ferai ce qu'il faut
en toutes circonstances.

Étant le fondement de tout, l'esprit organise toutes les situations et les circonstances. Cet ordonnancement est beaucoup plus profond que l'intellect ne peut le concevoir. Les cellules de notre corps, par exemple, accomplissent à chaque instant des milliards d'opérations extrêmement précises. La réalité extérieure et tous nos événements quotidiens sont organisés de la même manière. Lorsque vous abordez une situation, quelle qu'elle soit, vos actes peuvent soit respecter cet ordonnancement, soit obéir à votre ego qui veut imposer ses idées et satisfaire ses exigences. L'âme veut elle aussi obtenir certains résultats, mais sa perspective est plus vaste. Au lieu d'essayer d'infléchir les événements à mesure que la situation évolue, elle prévoit et organise l'ensemble des causes et des effets. Le mental, lui, cherche à manipuler la réalité pour qu'elle serve au mieux le « je », le « moi » et le « mien ». Demandez qu'on vous aide à sortir de ce périmètre étriqué. Ayez confiance dans ce que vous promet cette perspective plus vaste et sachez que cette assistance peut venir de toutes parts et prendre toutes sortes de formes.

54e JOUR

Pour contacter ma source,
je commence à pratiquer la méditation.

La pratique du calme mental vous permet d'accéder à un plan de conscience plus profond que la simple pensée. La méditation n'est pas seulement un instant de paix et de silence, même si tous deux sont nécessaires. C'est une manière de retourner à votre source. Prenez l'habitude de trouver un moment, de préférence matin et soir, où vous pouvez être seul, fermer les yeux et entrer en vous-même. Parmi les nombreuses formes de méditation, vous pouvez commencer par une approche très simple et pourtant efficace, comme la méditation du cœur. Restez tranquillement assis en orientant votre attention sur votre cœur – non sur l'emplacement réel de votre cœur, mais sur un point situé au milieu de la poitrine, sous le sternum. Quand vous serez concentré, répétez silencieusement le mot « paix » et visualisez son influence rayonnant de votre corps dans toutes les directions. Faites-le trois fois, puis prononcez le mot « bonheur » de la même façon. Répétez-le trois fois, puis continuez avec les mots « harmonie », « rire » et « amour ». Vous pouvez méditer plus longuement en utilisant ces mots aussi longtemps que vous voulez. Débutez par une séance de cinq minutes et prolongez-la peu à peu jusqu'à une demi-heure. À la fin de votre méditation, restez tranquillement assis en gardant les yeux fermés pendant quelques instants et appréciez simplement le silence du calme mental.

55e JOUR

J'écoute ce que me dit mon âme.

La méditation rapproche votre esprit de sa source mais, pendant le reste de la journée, vous aurez sans cesse à prendre des décisions et à faire des choix. Pour ne pas vous en éloigner, vous devez rester à son écoute. Si vous êtes attentif, votre âme pourra vous contacter n'importe quand et pas seulement lorsque vous êtes assis les yeux fermés. C'est ce que vivent ceux qui déclarent : « Mon instinct me dit que c'est la chose à faire », « je laisse parler mon cœur », ou « je sais intuitivement que c'est bien pour moi ». Comme il s'agit d'un processus personnel, vous devez trouver votre propre manière de vous focaliser. Méfiez-vous néanmoins de certains signaux, comme les impulsions défensives qui ne viennent pas de votre vrai moi, les émotions négatives qui vous troublent l'esprit et les démarches calculatrices qui veulent voir gagner le « je », le « moi » et le « mien ». La conscience émanant de l'âme est claire et pure. Sa justesse est détachée, presque impersonnelle. Votre âme ne vous demande pas d'être tout le temps joyeux, enthousiaste et optimiste, mais d'être aussi vrai que possible sur le plan spirituel – qui est la base de toute réalité.

56e JOUR

Je ferai de mon mieux
en toutes circonstances
pour suivre ce que me dit mon âme.

La pensée et la conscience sont deux choses très différentes. Au moment même où vous lisez ces mots, vous êtes conscient de toutes sortes de choses qui ne nécessitent pas de penser. Vous êtes par exemple conscient d'être nerveux ou détendu. Lorsqu'on fait pression sur vous, vous n'avez pas la même sensation que si vous n'avez aucune contrainte. La pensée ne joue aucun rôle dans ce genre de cognition. Mettez-vous à l'écoute de l'âme en commençant par vérifier tout ce dont vous êtes vraiment conscient. Si vous sentez que vos choix sont libres de toute influence extérieure et si votre corps et votre esprit sont détendus tout en étant vigilants, vous êtes tout près du but. Il est bien sûr impossible de retrouver cette qualité de conscience chaque fois que l'on doit faire un choix ou affronter un défi. Mais remarquez comme l'esprit vous guide à certains moments. Et quand vous vous sentez tendu ou sous pression, sachez que vous faites de votre mieux pour contacter votre vrai moi. L'expansion de votre conscience ne se produira que si vous avez foi dans ce processus.

57e JOUR

Je libère le passage pour l'inspiration en éliminant toutes les énergies qui le bloquent.

Quand votre conscience sera pleinement développée, elle réagira aussi facilement et rapidement que le fait actuellement votre ego. Mais, en attendant, il est utile d'avoir une stratégie. Son objectif est de dépasser les automatismes et la mainmise de l'ego. L'inspiration ne cesse d'affluer, mais le chemin peut être obstrué par la colère, le ressentiment, la culpabilité ou la peur. Si vous ressentez l'une de ces émotions, fermez les yeux et prenez pleinement conscience des sensations qu'elle provoque dans votre corps. Ne vous reprochez pas d'avoir ces sentiments, et demandez-vous plutôt si vous êtes prêt à les éliminer. En dégageant ainsi la voie, vous pourrez percevoir la lumière de votre âme, d'où jaillit l'inspiration, et plus rien ne vous empêchera d'avancer.

58e JOUR

Je surveille les indices
venant de toutes parts,
car je sais que l'esprit est partout.

Dans la vie, nous avons tous confiance en certaines personnes qui sont pour nous des amis et des alliés, alors que d'autres nous semblent neutres, ou même parfois hostiles. Or l'esprit ne fait pas ce genre de distinctions. Un inconnu dans la rue ou un passager dans le bus peut vous offrir une multitude de réponses et d'indices. L'aide peut venir de toutes parts car votre âme s'étend partout. Cherchez une voix sage et digne de foi s'il y en a une, mais restez ouvert à toutes les possibilités. Écoutez aussi votre guide intérieur, qui peut vous orienter dans une direction que vos amis et votre famille n'auraient jamais envisagée.

59e JOUR

Quand je sens une opposition,
je n'oppose pas de résistance.

L'ego ne voit pas l'intérêt de tendre l'autre joue. Il ne peut comprendre le sens de cette injonction biblique. Il réagit à la moindre contrariété en repoussant ce qui le gêne, et si on lui fait mal, il veut rendre les coups. Voilà pourquoi le cycle de l'attaque et de la défense est sans fin. Mais il existe une autre approche qui est de ne pas s'opposer, de ne pas défendre à tout prix votre idée lorsque la situation n'est pas conforme à votre attente. Laissez passer cette obstruction, soit en patientant, soit en vous en allant, soit en capitulant devant l'obstacle. Le principe de cette stratégie est de mettre un terme au conflit en laissant l'esprit résoudre lui-même le problème. Ce n'est pas de la passivité, comme vous le découvrirez quand vous refuserez de résister. Le plus souvent, une solution apparaît alors comme par magie, ce qui est le signe que votre attitude est inspirée par votre vrai moi.

60e JOUR

Quand j'ai envie de me battre,
je m'arrête et j'attends un signe.

Dans notre société, la lutte et l'acharnement sont valorisés, comme si obtenir quelque chose facilement était une tricherie. Cette facilité montre simplement que l'esprit nous aime. Vous méritez vous aussi de satisfaire vos besoins facilement. Ne glorifiez pas la souffrance et l'effort qu'implique la perspective limitée de l'ego. Escomptez toujours le meilleur résultat en toutes circonstances, puis acceptez de bonne grâce ce que vous recevez. Telle est la bonne attitude à cette étape de votre parcours.

61e JOUR

En toutes circonstances, j'apprends à agir avec le minimum d'efforts.

Votre action doit être inspirée par la pure conscience. C'est la même conscience que celle que vous avez maintenant, mais sa portée est infinie : elle n'est pas limitée par le temps et ne connaît pas d'obstacles. Quand vous avez un désir, votre âme sait comment le réaliser et connaît toutes les solutions, de la plus facile à la plus difficile. Admettons que vous désiriez une nouvelle voiture : il se peut qu'elle apparaisse miraculeusement devant votre porte, mais il semble plus probable que vous allez devoir travailler afin de gagner l'argent vous permettant de l'acheter. Or, en excluant l'éventualité d'un miracle, l'ego se contraint à lutter, ignorant par là même l'infini pouvoir de l'esprit. Pour changer cette situation, modifiez vos attentes. Demandez que vos désirs soient satisfaits en faisant le moins d'efforts possible. Apprenez à vivre sans vous battre et l'esprit soutiendra ce changement. Avec le temps, vous vous battrez de moins en moins tout en recevant de plus en plus. Votre âme possède déjà tout en ne faisant absolument rien.

62e JOUR

J'élimine de ma conscience les obstacles qui gênent la réalisation de mes désirs.

Les désirs mûrissent dans la matrice de l'inconscient avant de se manifester dans la réalité physique. Au cours de ce processus, chacun d'eux traverse les couches de votre conscience. Si celle-ci n'est pas encombrée de blessures secrètes, de fausses croyances et d'attitudes figées, vous saurez comment les satisfaire. Vous obtiendrez facilement le résultat voulu parce que votre conscience aura pu clairement le concevoir. Mais si elle est parsemée d'obstacles, ceux-ci se matérialiseront dans le monde sensible, où votre désir devra les affronter concrètement. Si vous voulez satisfaire vos aspirations en douceur, avec le moins d'efforts possible, libérez le passage dans votre conscience. Chaque parcelle de négativité que vous éliminerez améliorera les circonstances de votre vie extérieure en y insufflant l'inépuisable générosité divine.

63e JOUR

Je respecte tous les aspects de moi-même à la place qui leur convient.

Nombre d'entre nous trouvent que leur monde intérieur est chaotique : le mental est agité et n'en fait qu'à sa tête, et l'ego veut sans cesse imposer ses priorités. N'en concluez pas qu'ils sont vos ennemis. L'ego doit remplir son rôle. Avec son flot confus d'idées, de croyances, de désirs, de fantasmes et d'émotions, votre mental vous empêche de voir clairement votre âme, c'est vrai. Mais, grâce à lui, vous pouvez modifier votre perception de la réalité. Du moment qu'ils restent à leur place, on peut considérer le mental et l'ego comme des alliés. Ne l'oubliez pas dans la longue offensive que vous allez mener pour rééquilibrer votre monde intérieur. Vous aurez l'impression de devoir lutter contre eux alors qu'ils ont en réalité leurs propres objectifs spirituels, qui ne consistent pas à dominer l'âme, mais à se laisser absorber dans sa lumière. La meilleure manière d'aider votre ego à se dissoudre ainsi dans l'esprit est d'en être le témoin silencieux. Contentez-vous pour cela d'observer vos réactions aux situations, aux circonstances, aux gens et aux événements. Adopter cette attitude vous transformera peu à peu en équilibrant votre corps, votre mental et votre esprit.

64e JOUR

J'apprends à distinguer les valeurs de l'ego et celles du vrai moi.

Votre ego veut pouvoir se glorifier d'approcher votre âme. Voyant que vous avez tourné votre attention vers l'esprit, il brûle d'impatience et croit qu'il y a une autre course à gagner, un autre but à atteindre, un autre résultat à obtenir. Autrement dit, il traduit cette progression spirituelle en termes qu'il peut comprendre. On retrouve cette même tendance exacerbée chez ceux qui sont dévorés de haine et entrent en guerre au nom de Dieu. Ils récupèrent la religion pour justifier leurs visées égoïstes. Mais nous avons tous ce penchant car, jusqu'à ce que notre ego soit absorbé par l'âme à la fin du voyage de la vie, il restera persuadé que le chemin se fait pour la gloire. « Je veux être illuminé » est une déclaration aussi égoïste que « je veux gagner ». Or votre âme est la seule chose que l'ego ne pourra jamais gagner. Voilà pourquoi il est essentiel d'apprendre à distinguer les valeurs de l'ego et celles du vrai moi.

65e JOUR

J'aspire au détachement,
que je ne confonds pas avec l'indifférence.

L'ego a beau savoir que l'âme est détachée, il lui est difficile de se défaire de son attachement au monde extérieur. Si vous prenez la ferme résolution de ne plus vous montrer égoïste et avide, il peut avoir recours à une seconde ligne de défense plus subtile : il devient indifférent. Au lieu de courir après l'argent, le prestige et les possessions, il prétend que tout cela n'a aucune importance. Cette attitude est une forme déguisée d'attachement car l'indifférence est un masque. Le renoncement est une tentative pour attirer l'attention sur soi, et elle évolue ensuite en sacrifice où le « je » prône l'attachement à la sainteté, la vertu et l'austérité. Ce chemin vers Dieu est donc égocentré, même si on a renoncé aux biens matériels. La version du détachement que préconise l'âme n'implique pas que le confort déserte votre vie. Elle demande simplement que vous ne vous y accrochiez pas avec anxiété. Le vrai détachement surgit quand le sentiment de plénitude intérieure est tel qu'on ne ressent plus le besoin d'acquérir.

66e JOUR

*J'aspire à la paix intérieure,
que je ne confonds pas avec le repli sur soi.*

Bon nombre de ceux qui suivent sincèrement une voie spirituelle ne sont pas heureux. Dans certains cas, ils s'infligent eux-mêmes cette dépression : persuadés que Dieu condamne le désir, ils se punissent pour avoir des besoins, des envies et des rêves. Ils essaient d'atteindre une platitude émotionnelle qui limite au minimum leur participation au monde. D'autres croient que Dieu veut que nous nous retirions de la vie et de toute son agitation, et ils trouvent effectivement une forme de paix dans le repli sur soi. Mais c'est la paix de l'ego, celle qui provient de la décision de fuir tout conflit, de renoncer à la colère – une émotion indigne d'une personne spirituelle –, et d'échapper à toute contamination de la négativité qui règne « au-dehors ». Vous devez apprendre à éviter cette tactique de l'ego. Cherchez une paix intérieure qui s'étend aussi vers le monde et accueille l'ensemble de la création divine sans rien rejeter. En n'ayant peur de rien, vous fusionnerez avec tout, et vous atteindrez une paix que rien d'extérieur ne peut ébranler.

67e JOUR

J'aspire à la sagesse,
que je ne confonds pas avec l'information.

Notre intellect cherche constamment des réponses à ses questions et chacun de nous voudrait avoir des certitudes sur Dieu, l'âme, la mort et la vie après la mort. Le mental croit que, s'il est suffisamment renseigné, il trouvera finalement la réponse à ses interrogations cosmiques. Mais ces renseignements sont extérieurs et les faits ne peuvent livrer que de l'information. Il n'y a rien de vivant là-dedans, alors que l'âme, qui est la vie elle-même, nourrit une forme de compréhension qui se renouvelle constamment et s'ajuste sur l'éternel présent. C'est ce que nous appelons la sagesse. Ceux qui se croient sages parce qu'ils ont vécu longtemps et ont beaucoup d'expérience confondent la sagesse avec l'acquisition. On ne peut acquérir la sagesse comme une possession. On peut seulement se développer jusqu'à ce que le mental soit suffisamment imprégné par l'esprit pour que l'on soit transformé intérieurement. Comme le disent les Védas, on n'acquiert pas la sagesse, on devient sagesse.

68e JOUR

J'aspire à la capitulation,
que je ne confonds pas avec le renoncement.

La capitulation suppose qu'on abandonne une chose à laquelle on tenait particulièrement. Comme il y a une perte, l'ego y voit un renoncement. Dans la perspective du « je », du « moi » et du « mien », la perte est inacceptable, et l'ego ne veut pas abandonner la stratégie qu'il a élaborée face à la vie. La capitulation implique de se défaire de croyances qui lui sont chères, telles que « je dois avoir raison », « je dois contrôler les choses », « je dois être fort », etc. Les objectifs de l'ego sont d'assurer votre survie et votre réussite en tant qu'individu séparé, fort et indépendant. Ils ne sont pas contraires à ceux de l'esprit, mais ils sont trop limités. Capituler, c'est abandonner un monde étriqué pour un autre beaucoup plus vaste. Comme on le dit dans la tradition indienne, c'est quitter une hutte pour vivre dans un palais.

69e JOUR

J'aspire à un pouvoir
que je ne confonds pas avec la domination.

Le pouvoir provenant de l'esprit vient de l'intérieur. Il a quelque chose de paradoxal, car le chemin qui y mène passe par la capitulation, l'humilité, le pardon et l'acceptation – un comportement qui n'est pas exactement celui que l'on associe aux gens puissants. Dans le monde de l'ego, le pouvoir est la capacité de contrôler les circonstances à son avantage et de manipuler ou dominer les gens pour leur faire faire ce qu'on veut. Mais quand on veut ce qui est le mieux pour chacun, l'ego n'a plus grand-chose à dire. Cet autre pouvoir est la force généreuse, désintéressée, sincère, confiante et patiente – indubitablement féminine – qui est celle des saints et des mères. Ceux qui la détiennent montrent qu'il existe un pouvoir dénué d'agressivité et de volonté de domination. C'est l'aspect féminin de la vie, dont la puissance est réelle et toujours disponible, même lorsque l'ego exerce son contrôle depuis très longtemps. Elle est cette intelligence qui régule tous les aspects de la création et qui nourrit et organise toutes les formes, de l'atome au cosmos. Vous pouvez y accéder car elle vient de l'intérieur, et rien ne pourra vous la retirer une fois que vous aurez trouvé sa source dans votre vrai moi.

70e JOUR

J'aspire à l'acceptation,
que je ne confonds pas avec la résignation.

La tolérance est critiquée par ceux qui croient que les êtres humains peuvent devenir violents, subversifs et destructeurs si on leur laisse trop de liberté. Que se serait-il passé, objectent-ils, si on avait laissé agir à leur guise les monstres de l'Histoire ? C'est là qu'il faut bien distinguer passivité et acceptation. Accepter ne veut pas dire laisser faire aux gens ce qu'ils veulent. L'esprit ne demande à personne de se résigner à l'existence du mal. Face à des actes ou des attitudes néfastes, nous avons le devoir de défendre notre sens de la justice. Mais nous pouvons détester le péché sans haïr le pécheur, et cette distinction peut nous aider à comprendre ce qu'est l'acceptation. Elle implique que l'on perçoive l'égalité des âmes et que l'on comprenne que l'esprit réside en chacun de nous. Aussi difficile à croire que cela puisse être pour les moralistes, on peut faire le mal parce qu'on souffre et non parce qu'on est mauvais. Ces actes sont alors une manière de demander de l'amour et de la compréhension, et même si ceux qui les accomplissent doivent être punis, ils ne perdent pas pour autant leur statut d'enfants de Dieu.

71e JOUR

Je m'efforce de réparer mes fautes sans me condamner en tant que pécheur.

Ceux qui ont un fort sens moral ont du mal à différencier le péché du pécheur. Quand ils s'élèvent contre une injustice, ils veulent que non seulement l'acte, mais la personne soient corrigés. Or c'est inutile, et même impossible. On peut réparer le mal qu'on a fait en choisissant de faire le bien et en payant sa dette. Mais sauver son âme ne veut rien dire puisque l'âme est là pour vous sauver et non l'inverse. Le sentiment de culpabilité qui nous incite à réparer nos péchés (définis au sens non religieux de mauvaises actions accomplies sciemment) est souvent considéré comme une émotion positive, alors qu'il est extrêmement destructeur quand il est poussé trop loin. Comme beaucoup d'autres énergies telles que la peur et la colère, la culpabilité ne disparaît pas facilement une fois qu'elle a fait irruption. Elle ne cesse de répéter son verdict, encore et encore, bien après le moment où cela pouvait avoir une utilité. Ceux qui ont une moralité exacerbée ont tendance à souffrir pour des péchés insignifiants – et même quand il n'y a pas eu de péché du tout. Ne cédez pas à ce penchant autodestructeur. Loin de vous rapprocher de votre âme, cette habitude de se torturer ne fera que vous maintenir dans un profond isolement.

72e JOUR

J'aspire au bonheur,
que je ne confonds pas avec le plaisir.

L'ego recherche spontanément le plaisir, persuadé qu'en le trouvant, il atteindra le bonheur. Or le plaisir n'est pas un antidote de la souffrance. Une profusion d'expériences extérieures agréables ne peut soulager l'angoisse intérieure de celui qui souffre. Il est donc évident que l'ego se trompe, ce qui ne veut pas dire que nous devions renoncer au plaisir. Mais le bonheur vient d'une autre source – de cette essence qui en nous ne change pas.

Comme le soulignaient les anciens sages, nous savons tous ce que c'est que de s'éveiller d'un rêve. L'esprit peut être connu aussi facilement. Et quand on a goûté à cet éveil, c'est le rêve du plaisir qui devient irréel. Cette précieuse expérience va se reproduire, encore et encore. Remarquez ces moments où vous vous sentez plein de vie, joyeux, libre comme l'air. Ils viennent et puis s'en vont, non comme tout ce qui naît et meurt, mais plutôt comme le soleil qui, parfois caché par les nuages, ne cesse de briller.

73e JOUR

Je percerai à jour l'illusion de la séparation.

Même si vous avez l'impression d'être séparé de votre source ou de Dieu, il n'en est pas ainsi. Cette séparation qui est la cause de votre souffrance est une illusion – une illusion très convaincante. Sous cette souffrance que nous expérimentons tous se trouve un autre niveau d'existence, indépendant du plaisir et de la douleur. C'est le niveau auquel il est fait allusion comme à la paix « qui surpasse toute intelligence ». Lorsque vous contacterez ce plan d'existence, votre souffrance commencera à s'alléger.

74e JOUR

Je percerai à jour
l'illusion de l'impuissance.

Chaque fois vous avez une intention, vous mettez en mouvement quelque chose en vous. L'intention de marcher, par exemple, active les centres moteurs du cerveau qui régulent l'équilibre, le rythme cardiaque et la tension artérielle, et tout votre système corps-esprit se met sur le mode de la marche. Il en est de même pour la guérison. Mais contrairement à l'intention de marcher, celle de guérir demande une transformation qui ne peut être provoquée que par l'esprit – celui-ci contrôlant toutes les énergies, y compris celles de votre corps. L'intention de guérir peut briser l'illusion de l'impuissance. Vous devez pour cela clairement visualiser le résultat visé. Ce peut être une amélioration de vos facultés physiques et mentales, un accroissement de votre énergie, de votre vitalité, de votre enthousiasme pour la vie, un approfondissement de votre relation à la créativité, la joie et l'amour qui imprègnent l'univers. Chérissez cet objectif dans votre cœur. Laissez-le mûrir grâce à la méditation et vous aurez bientôt l'inspiration qui vous permettra de surmonter votre impuissance, de faire les bons choix et de contacter votre force et votre pouvoir intérieurs.

75e JOUR

Je percerai à jour l'illusion de la négation.

Tant que vous refuserez d'affronter la réalité, l'illusion persistera. Vous devez donc y consacrer toute votre attention. Asseyez-vous tranquillement et, avec une douce et ferme détermination, demandez à vos véritables sentiments de se manifester. Ne refusez aucune douleur dans votre corps. Ressentez tout ce qui se présente, sans rien repousser. Puis demandez à toutes ces souffrances de se rassembler dans votre cœur et de se nommer à mesure qu'elles arrivent. Soyez aussi précis que possible.

Après avoir soigneusement défini les émotions exactes que vous ressentez – peur, colère, culpabilité, tristesse, etc. –, racontez par écrit les circonstances qui leur ont donné naissance. Veillez à ne pas utiliser de termes faisant de vous une victime. Une fois cette tâche accomplie, partagez ces sentiments avec une personne en qui vous avez confiance. Vous pourrez ensuite vous en libérer par un rituel de votre invention – en brûlant par exemple la feuille de votre récit. Et pour finir, fêtez votre libération. Nier votre souffrance ne fait que la prolonger. Quand vous l'aurez définie, exprimée, partagée, libérée, et quand vous aurez fêté son départ, vous pourrez poursuivre votre chemin.

76e JOUR

Je percerai à jour
l'illusion de la dépendance.

Lorsqu'on se sent affaibli par la souffrance, on a peur de devenir dépendant des autres. Cette crainte est naturelle et il est important de préserver un sentiment de dignité personnelle. On a pourtant terriblement besoin d'aide et, dans les moments de crise, on peut alléger sa souffrance en faisant appel à des énergies qui peuvent en assumer une partie et vous guider. Il peut s'agir d'entités spirituelles comme des anges, des maîtres, des saints, des divinités, des *bodhisattvas* ou des êtres chers décédés. Demandez-leur de vous aider, puis restez vigilant et suivez les indices que vous donne l'esprit. On vous a entendu. Et la personne ou l'entité invoquée importe peu car, en fin de compte, c'est votre vrai moi qui va vous répondre.

77e JOUR

Je percerai à jour
l'illusion de l'engourdissement.

Le chagrin est une émotion déchirante qui menace notre sécurité. Ceux que nous aimons font partie de nous-mêmes et, quand ils meurent ou sont en danger, nous avons l'impression d'être personnellement agressés. Notre inconscient le perçoit et provoque un engourdissement qui fait croire à notre ego que la perte n'est pas aussi atroce ou la menace aussi grave qu'elle l'est en réalité.

Le chagrin est l'une des rares souffrances qui soit nécessaire. Vous devez l'éprouver avant de pouvoir le dissoudre dans la lumière. Soyez patient avec lui. La brûlure de la souffrance se calmera peu à peu, vous vous sentirez purifié, et la lumière jaillira de nouveau en vous.

78e JOUR

Je percerai à jour l'illusion du vide.

Non seulement vous souffrez de la perte, mais le pire est souvent la peur du vide qui se profile derrière cette souffrance. Or ce vide est une illusion. Quelle que soit l'ampleur de votre souffrance, elle ne menace pas votre complétude. Pour vous aider à le ressentir, visualisez en vous la lumière de l'esprit et demandez-lui de remplir tout votre espace intérieur. Fermez les yeux et imaginez une lumière blanche qui vous entoure comme une bulle ou un cocon. Voyez-la combler toutes les fissures et les déchirures, tous les trous et les interstices, jusqu'à ce que tout baigne dans la lumière.

79e JOUR

Je percerai à jour l'illusion de l'abandon.

Un des aspects les plus pénibles de la souffrance provoquée par un grand malheur est le terrible sentiment d'isolement. Le problème de la solitude, qui tourmente tant de gens, ne peut être résolu par une simple recherche de compagnie. On peut se sentir intensément seul au milieu d'une foule ou dans une rue bondée. Quand nous étions enfant, la présence d'un de nos parents suffisait à nous rassurer. Mais à l'âge adulte, la solitude devient existentielle – on a l'impression d'avoir été abandonné, sans pouvoir dire par qui. Ceux qui souffrent de solitude doivent apprendre à s'aimer eux-mêmes. Demandez à l'esprit de vous réconforter par sa présence, en pratiquant par exemple la méditation du cœur (54e jour). Terminez en restant tranquillement assis et en vous réfugiant dans votre cœur. Installez-vous en lui comme dans un nid tiède et douillet et restez-y aussi longtemps que vous voulez. Si vous pratiquez régulièrement cette technique, vous verrez que l'esprit peut véritablement vous aider par sa présence.

80e JOUR

Je percerai à jour l'illusion du désespoir.

Il existe une forme de souffrance muette et inexprimée qui est générée par la conviction que « personne ne m'aime ». Les enfants ont besoin d'être constamment rassurés sur ce plan car leur moi n'est pas encore formé et demeure très fragile. Leur dire qu'on les aime les aide à constituer leur sentiment de valeur personnelle. Si ce sentiment est solide, la personne pourra par la suite résister à la perte de l'amour, même si elle en souffre énormément. Mais s'il est trop faible, elle plongera dans le désespoir. Lorsque l'intensité de votre chagrin est trop forte, vous pouvez demander à l'esprit de vous venir en aide en ranimant votre certitude intérieure d'être aimé. Dans l'un des plus fameux Upanishad, il y a une phrase qui dit : « Ce n'est pas pour le bien de la personne aimée que vous éprouvez de l'amour, mais pour votre bien à vous. » Donner et recevoir sont les deux moitiés d'un cercle que le chagrin brise net, mais on peut toujours se sentir aimé de l'intérieur, même après une grande perte.

81e JOUR

Je me transforme et me renouvelle en n'ayant aucune attente.

Quand on s'accroche à un espoir qui ne se concrétise pas, on est automatiquement malheureux. Sur un plan subtil, placer votre foi dans cette attente bloque l'arrivée de nouvelles énergies. Que vous espériez un heureux dénouement ou redoutiez une déception, le résultat est le même : « tout va sûrement s'arranger » ne vaut pas mieux que « cette situation est sans issue ». C'est une tentative de contrôle qui s'enracine dans la peur et ne sert à rien. Ouvrez les bras à l'inconnu sans rien attendre de particulier et faites confiance au présent qui ne cesse de se renouveler indéfiniment.

82e JOUR

Je me transforme et me renouvelle en éliminant les fantômes du passé.

La souffrance s'enchevêtre dans le passé, le présent et l'avenir. Si vous vous focalisez complètement sur le présent en laissant tomber passé et avenir, votre mémoire ne pourra plus vous faire mal, non parce que vous aurez oublié les vieilles blessures, mais parce que vous vivrez si pleinement le présent que ces blessures n'auront rien à y faire. Laissez partir tous les fantômes de votre passé, ils emporteront votre souffrance avec eux. Et n'oubliez pas : se souvenir de la souffrance et s'y accrocher est de la colère, se souvenir du plaisir et s'y accrocher est de l'addiction, anticiper souffrance ou plaisir est de l'anxiété, et s'imputer la souffrance passée est de la culpabilité.

Si vous avez actuellement l'impression de souffrir, plongez-vous profondément dans le présent. Vous serez si absorbé que la souffrance ne pourra s'y glisser. Le présent est le foyer de votre être – passé et futur ne sont que des rêves. Éliminez-les de votre conscience et vos blessures s'en iront également.

83e JOUR

Je me transforme et me renouvelle en abandonnant tout amour-propre.

Rien ne devrait pouvoir vous offenser. Quand quelqu'un dit ou fait quelque chose qui vous offense, ce n'est pas vous qui le ressentez mais votre amour-propre. Cet amour-propre provient de l'image de soi que nous avons tous en nous. Nous consacrons beaucoup de temps et d'énergie à défendre cette illusion. Si votre image est celle d'une personne raffinée et bien éduquée, vous serez choqué par la vulgarité. Si votre image est celle d'un chef qui a l'habitude de commander et qui détient l'autorité, vous serez offusqué si un subalterne agit comme s'il était votre égal. Vous ne pourrez progresser sans renoncer à votre amour-propre. Vivez le présent sans vous référer à ce genre d'image. Réagissez avec la même spontanéité et la même liberté que la vie elle-même. Prenez conscience de cet attachement à votre amour-propre qui vous donne ces préjugés et éliminez-le afin de découvrir ce qu'est la véritable liberté.

84e JOUR

Je me transforme et me renouvelle en éliminant tout regret.

Se répéter à longueur de temps « j'aurais dû faire ceci » ou « si seulement j'avais dit cela » ne cesse de vous remettre en tête tous vos échecs, grands et petits. C'est un gaspillage d'énergie, et pourtant ces regrets vous poursuivent car il est facile de se focaliser sur eux. Ce n'est pas la bonne solution. Mieux vaut regarder en vous, pleurer sur ce qui aurait pu être, accepter votre responsabilité et poursuivre votre route. Il n'y a pas d'occasions manquées pour votre âme. Tous les chemins que vous avez parcourus, toutes les expériences que vous avez vécues ont tissé l'étoffe complexe de votre vie et ont été utiles à votre développement. Sur un plan plus profond, votre vie a été un enchaînement d'occasions dont vous avez tiré profit. Pourquoi vous en vouloir ? Vous n'avez rien à regretter. Tous ces désirs qui ne se sont pas concrétisés vous ont conduit vers de plus hautes aspirations.

85e JOUR

J'exprime ma foi en priant.

Pour l'instant, vous n'avez que des visions fugitives de l'esprit. Votre âme vous fait sentir sa présence un instant, puis elle se volatilise à nouveau. La foi vous permet de ne pas perdre de vue le but qui se profile au loin. La prière fait le lien entre ce que vous êtes maintenant et ce que vous serez plus tard.

Je prie Dieu – je prie l'Esprit – de toujours me maintenir sur la voie.

Je vous demande de bénir mon voyage.

Je demande à l'assistance divine de me protéger le long du chemin.

Je demande à mon guide intérieur de me conduire à destination.

Je prie l'âme qui règne partout – en moi et hors de moi – de m'aider à devenir un être complet et réalisé.

Amen.

Récitez cette prière en début de journée. Asseyez-vous ou agenouillez-vous, fermez les yeux et entrez en vous-même. Sentez les mots venir de votre cœur. Cette prière sera entendue à la source, là où vous êtes uni à Dieu.

86e JOUR

Je prie pour tout voir avec des yeux neufs.

Nous devons chaque jour demander à l'esprit qu'il nous éclaire. Adaptez la prière ci-dessous à vos propres besoins en précisant ce qui vous inquiète. Peut-être vous demandez-vous en qui placer votre confiance, ou comment être compris et entendu par les autres. Ou alors vous ne parvenez pas à choisir entre plusieurs directions qui vous attirent – ou vous pensez que vous n'avez pas de choix du tout.

Demandez à être éclairé pour que l'esprit puisse vous atteindre. C'est cette clarté qui vous permet de percevoir ses messages.

Je suis dans le brouillard aujourd'hui
Et je demande à Dieu – à l'Esprit –
D'éclairer ma tête et mon cœur.
Délivrez-moi de la confusion qui provient du passé.
Faites que je vois tout comme si c'était la première fois.
Surprenez-moi avec de l'imprévu,
Étonnez-moi avec de l'inconnu,
Et transformez-moi à votre idée
Pour que je voie tout avec des yeux neufs.
Amen.

87e JOUR

Je prie pour me rappeler qui je suis.

Nous portons tous de nombreux masques et nous avons de multiples *moi*. Mais notre moi ultime – l'esprit, l'âme, l'essence – est le plus mystérieux. Il parle d'une voix silencieuse. Ses étranges messages dérangent nos vieux schémas de pensée. Il nous demande de retenir notre ego toujours prêt à se lancer dans l'action. Cette mystérieuse présence est notre être véritable. La prière de ce jour demande que vous soit rappelé ce qu'est votre vrai moi quand vous êtes tenté de l'oublier.

J'ai oublié aujourd'hui qui je suis
Et je demande à Dieu – à l'Esprit – de me le rappeler.
Faites-moi entendre la voix du silence.
Faites-moi voir ce qui ne peut être vu.
Faites-moi sentir votre doux frôlement.
Vous êtes aussi près de moi que l'air que je respire.
Alors faites courir en moi votre souffle aujourd'hui.
Amen.

88e JOUR

Je prie pour réussir à pardonner.

Le pardon ne peut venir que du cœur. Vous aurez beau comprendre sa valeur et le trouver moral, juste et vertueux, si vous ne le ressentez pas, il sera artificiel. Tout s'équilibre pour l'Esprit : vous avez tant de fois été pardonné, vous avez tant de fois pardonné à autrui – chacun a raison et chacun a tort à tour de rôle. Quand vous ne pouvez trouver en vous la pureté du pardon, demandez à être plus sensible que vous ne l'êtes. Ce n'est pas en vous donnant de meilleures raisons de pardonner que l'esprit vous y aidera, mais en vous montrant une autre manière de le faire.

Je m'adresse à Dieu – à l'Esprit –
Car j'ai le cœur dur aujourd'hui.
Il y a quelqu'un à qui je ne peux pardonner.
Ma propre blessure m'empêche de le faire et
Je sens la douleur d'avoir été traité injustement.
Délivrez mon cœur de cette rigidité,
Que je puisse à nouveau ressentir sa tendresse.
Ramenez joie et paix dans mon être
Et dissipez l'énergie de mes griefs.
Faites que je pardonne vraiment
Comme j'aimerais être pardonné.
Amen.

89e JOUR

Je prie pour oser montrer mon amour.

Laissez les autres vous voir comme vous êtes. En parcourant votre chemin spirituel, vous vous sentirez à certains moments inspiré, exalté, presque illuminé. Vous saurez sans le moindre doute que l'esprit est en vous. Mais le montrer aux autres est difficile. Faut-il que vous vous comportiez comme un saint ? Devez-vous attendre que votre famille remarque qu'un être illuminé est assis à la table du dîner ? Si la bonté se voit à ses œuvres, l'esprit se transmet par l'amour. Sans rien attendre de personne, trouvez un moyen d'exprimer votre exaltation intérieure.

Je demande à Dieu – à l'Esprit –
De faire en secret un pacte avec moi.
Manifestez votre amour à travers moi.
Tel est mon seul et unique souhait.
Faites que quelqu'un dans ma vie sente votre contact
Comme je l'ai senti et le sens moi-même :
Intime, joyeux, tendre et apaisant.
Et s'il en est ainsi,
Faites qu'il ne me voie pas moi, mais seulement vous.
Personne ne saura que je suis en vous comme vous êtes en moi.
Et ce secret restera nôtre à jamais.
Amen.

90e JOUR

*Je prie pour connaître le lieu où « moi »
et « Toi » ne font qu'un.*

Vous êtes dans le monde, mais pas de ce monde. Derrière la dualité du monde sensible, il n'y a pas de division. La seule relation qu'il importe d'avoir est celle qui vous lie à Dieu, car en vous liant aux autres, c'est Lui que vous voyez en eux. Demandez aujourd'hui cet état de grâce. Dites cette prière quand le monde est dur avec vous, quand vous sentez que Dieu, l'esprit ou votre âme sont loin de vous. Laissez la relation la plus douce et la plus intime, celle entre « moi » et « Toi », vous entraîner dans le même courant de complétude.

Je demande à Dieu – à l'Esprit –
De mettre ma main dans la sienne.
J'ai vu ce monde par vos yeux.
J'ai aimé mes semblables comme vous les aimez.
Je suis entré dans le théâtre de la vie
Et j'ai joué tout mon content.
Mais malgré tout, vous me manquez.
Soyez à moi pour toujours.
Laissez-moi plonger en vous
Comme une goutte retombant dans l'océan.
J'ai tout connu sauf l'éternité.
Donnez-la moi
Comme je me donne à vous.
Amen.

91e JOUR

Je prends refuge dans l'esprit
et je suis en lieu sûr pour l'éternité.

Le fleuve de la vie coule entre les rives du plaisir et de la souffrance. Si vous vous sentez bloqué sur la berge, rejoignez le flot et il vous emportera plus loin. Choisissez l'acceptation et non la force, et laissez la vie vous offrir ses présents, puis vous les reprendre. Gardez le regard fixé sur la réalité de l'être. Tout ce qui se présente à vous, observez-le tel que c'est. N'oubliez pas que vous n'êtes pas ce qui vous arrive, aussi intense que puisse être cette expérience. Vous êtes celui à qui cela arrive. Quand le « je » est en securité dans son être vrai, le monde ne peut plus lui faire peur.

92e JOUR

Derrière l'éternel recommencement
de la vie,
personne ne meurt jamais.

Votre chemin spirituel serpente à travers l'espace et le temps, et vous le parcourez dans un corps unique ayant sa propre personnalité et son propre ego. Vous avez mis ces vêtements quand vous avez débuté votre voyage et vous les enlèverez quand il finira. Mais s'il en est ainsi, qui fait le voyage ? Personne et tout le monde. Nous changeons d'identité au moment de la mort, en enlevant un « je » pour en mettre un autre, mais à la source, il n'y a qu'un seul être, immuable, éternel, toujours identique, qui donne vie à chaque parcelle de lui-même sans jamais rien gagner ou perdre. Dans ce cycle d'éternel recommencement, votre minuscule part d'éternité reste inviolée. À ce niveau d'être, aucun de nous ne meurt jamais.

93e JOUR

Derrière l'écran du monde,
tous les « je » sont le même « Je »
et trouvent ainsi leur complétude.

On enseigne en Inde depuis des siècles que l'âme a deux faces. L'une est tournée vers Dieu et sait qu'elle est faite de la même essence sacrée. L'autre est tournée vers la création et, tout en sachant qu'elle est divine, elle connaît la naissance et la mort. La face éternelle est *âtman* ; celle qui accepte de naître est *jiva*. Toutes deux sont des aspects de votre âme, mais sans *jiva*, vous n'auriez jamais quitté Dieu et l'éternité pour entrer dans votre corps, alors que sans *âtman*, vous n'auriez jamais su que le sacré existait derrière l'écran du monde sensible. Je m'émerveille souvent de l'ingéniosité de la grâce qui contient l'infini dans le fini, la félicité dans la souffrance, la clarté dans la confusion et l'amour dans le conflit – sans oublier la magie divine qui nous a fait naître tout en étant immortels. Or, aujourd'hui, vous avez percé à jour cette illusion. Le tour de magie vous a beaucoup diverti, mais vous avez maintenant compris l'astuce : à la fin, quand *jiva* a récolté toutes les parcelles d'esprit que le monde pouvait lui offrir, la division disparaît. *Jiva* se fond dans *âtman* et l'âme n'a plus alors qu'une seule face, à nouveau et pour toujours.

94e JOUR

Le mal est l'absence de l'être.

Comme l'âme, la Nature a également deux faces que nous appelons la vie et la mort, le bien et le mal, l'obscurité et la lumière. Mais aussi convaincante que soit son apparence, la dualité n'existe que pour permettre à *mâyâ*, ou à l'illusion, de se perpétuer. Tout ce qui naît doit mourir et ces deux événements sont devenus le symbole de la lumière et de l'obscurité. L'illusion disparaît quand on réalise que, à l'instar de l'unicité de Dieu, la réalité n'a qu'une seule face – l'être.

Au niveau le plus profond, l'être remplit tout, et pour ceux qui le comprennent véritablement, le drame de la vie et de la mort n'est plus si convaincant. Le mal surgit quand nous croyons que le divin est absent, mais il ne peut vraiment exister puisque l'illusion prend fin dès qu'on comprend que l'être imprègne tout et que nous sommes cet être. Et pour ceux qui le savent, le mal n'est plus qu'un vieux cliché n'ayant aucun sens une fois qu'on connaît le dénouement du drame.

95e JOUR

Le but de la vie est de jouer joyeusement.

Tant que la lutte du bien contre le mal, du plaisir contre la souffrance, garde son attrait, le but de la vie est de se battre. Or cette dualité qui provient de la séparation est un simple décor. Si nous apprécions tant l'intensité du drame, que ferons-nous quand il prendra fin ? N'aurons-nous plus de but lorsqu'il n'y aura rien à gagner ou à perdre ? Beaucoup d'entre nous sont horrifiés à l'idée de renoncer à la dualité. Comme quelqu'un me l'a dit un jour franchement : « Trouver la lumière ? Mais je n'ai pas envie de mourir, moi ! »

Une fois qu'on a compris l'illusion de la dualité, le but de la vie est tout simplement de jouer joyeusement. C'est depuis toujours son véritable objectif, mais vos sens ne peuvent percevoir que la souffrance n'est qu'une autre forme de félicité – ils croient qu'elle est le contraire du plaisir. Quand vous aurez compris que vous êtes esprit, la vie deviendra un jeu plein d'allégresse : le jeu divin. Rien d'autre n'existe que la lumière, dont tous les aspects sont joyeux. Contrairement au plaisir, toujours passager, la félicité associée à cette joie est inaltérable, car elle est la jouissance que ressent la création elle-même.

96e JOUR

Quand tout devient moi et mien,
seul règne l'amour.

L'ego peut lui aussi être sauvé. Lorsque vous comprendrez que vous n'êtes que de l'être pur, la séparation prendra fin. Vous réaliserez alors avec stupéfaction le tour que Dieu vous a joué en faisant du méchant le héros de la pièce. La brèche entre vous et votre âme se refermera et, d'un seul coup, tout dans la création vous appartiendra. D'un seul coup, vous aurez justifié l'existence de l'ego, non pas en le terrassant, mais en lui donnant ce qu'il veut. Votre ego individuel deviendra un ego cosmique et, regardant dans toutes les directions, vous ne verrez que de l'être, c'est-à-dire vous-même. Cette expérience fera voler en éclats la peur et la solitude de votre ancien ego, qui sera sans doute le dernier à voir qu'il ne cherchait rien d'autre que l'amour divin. Et cet amour qui surgira quand la séparation sera refermée ne pourra jamais vous être repris. Votre ego, qui soutenait autrefois vos objectifs lorsque la vie était un combat, pourra désormais partager votre nouveau but qui est de jouer joyeusement, et vous connaîtrez ensemble un bonheur éternel. Le drame qui semblait opposer lumière et ombre n'était en définitive qu'une comédie romantique.

97e JOUR

Le monde est mon corps.
Les montagnes sont mes os.
Les forêts sont ma peau
et les rivières, mon sang.
L'air est mon souffle et le soleil, ma vue.
Mon amour pour la Terre
maintient l'équilibre de la vie.

Dans son détachement, l'âme n'accomplit pas d'actions, mais elle imprègne tout. À chaque instant depuis le big-bang, l'esprit s'est exprimé dans la matière qui constitue le monde. Derrière les tourbillons aléatoires de gaz surchauffés, une intention cachée était déjà à l'œuvre. L'être soutenait la vie. Dans ces nuées cosmiques étaient incluses la création de l'ADN, des plantes et des animaux, et toute cette entreprise complexe que nous appelons évolution. Comme le chorégraphe, l'être n'est pas monté sur scène. Il a dirigé la danse de l'extérieur. Quand vous aurez compris que vous êtes comme lui, vous éprouverez la même joie à diriger de l'intérieur la danse qui anime le monde. Et cette expansion de conscience vous fera irradier la même influence vivifiante que l'esprit lui-même.

98e JOUR

Je suis tous les corps, toutes les pensées,
toutes les émotions, tous les souffles,
toutes les situations, toutes les circonstances,
tous les événements et toutes les relations.
J'englobe tout.

Il y a un chemin vers Dieu qui passe uniquement par le mental. C'est le sentier le plus froid, le plus rocailleux, qui n'offre aucun réconfort pour le cœur, mais c'est aussi le plus simple. Il consiste à répondre à une unique question : qui suis-je ? Dès l'instant où vous vous la posez, seules deux réponses peuvent émerger, divergeant comme deux routes dans les bois.

Première réponse : « Je suis mon esprit et mon corps, nés dans le monde sensible et voués à mourir. »

Seconde réponse : « Je suis l'être lui-même, la source éternelle qui engendre le cycle de naissance et de mort. »

Personne ne prend jamais la seconde route et je ne pense pas que nous soyons censés le faire. Si vous pouviez vous convaincre mentalement que vous êtes le « je » éternel, à quoi servirait l'expérience ? Ce monde a été conçu pour être la partie la plus belle, la plus attrayante, la plus séduisante, la plus excitante, la plus érotique et la plus sensuelle de la création. Il nous supplie de l'essayer et nous avons tous pris la première route. Nous avons endossé notre individualité et nous avons accepté de naître et de mourir. Le plaisir et la souffrance nous ont submergés et le drame a été magnifique. Mais si cette vie entre la naissance et la mort était la réalité ultime, la première route nous conduirait en enfer. Aussi se dissout-elle tout simplement, tandis que la seconde demeure éternelle. L'être qui ne naît ni ne meurt apparaît et vous comprenez qui vous êtes en réalité – le Tout. Naissance et mort se succèdent, mais vous pouvez sortir de scène quand vous voulez pour vous retrouver au-delà du plaisir et de la douleur. Et avec une gratitude infinie, vous regardez par-dessus votre épaule et comprenez que, pour vous, la souffrance a pris fin.

99e JOUR

Ma vie est la Vie elle-même.
Mon amour est l'Amour lui-même.

À la fin du voyage se trouve un état absolu, l'illumination. La liberté n'est plus être libre de ceci ou cela – c'est la liberté absolue. La joie n'est plus la joie de ceci ou cela – c'est la joie absolue. Et il en est de même pour le pouvoir, l'intelligence, la créativité et l'existence. Les expérimenter dans la dualité ne nous en donne qu'une très vague idée. Dans la perspective du monde relatif, l'absolu est inimaginable. Les anciens sages ne pouvaient le définir que par la négative : non né, immortel, immuable, insondable et invulnérable, dénué de toute qualité et pourtant les possédant toutes.

J'ai dit au début du livre que la souffrance est cette douleur qui menace d'enlever tout sens à la vie. Dans ma propre version du chemin spirituel, celui-ci n'a pas de fin. Le sens poursuit son éternelle expansion grâce aux deux forces divines que nous appelons la vie et l'amour. La souffrance s'arrête à l'instant précis où vous pouvez dire : « Je suis la vie et je suis l'amour. » Votre conscience fusionne alors avec la création comme l'observé, l'observateur et l'acte d'observation. D'autres ont imaginé Dieu comme un œil surveillant la création, attentif au moindre atome de son œuvre. Peut-être en est-il ainsi, mais pour moi, ce regard ne peut être divin s'il n'est empreint d'amour – cet amour qui enflamme l'étincelle de la vie et lui donne sa valeur infinie.

100e JOUR

La seule réalité est l'amour.

Cette phrase résume à elle seule tout ce qui a été dit. Lisez les mots qui suivent et laissez-les entrer dans votre cœur, le rassurer, le réconforter, et vous imprégner de sérénité.

Dans mon jardin, la rose s'est ouverte, mais j'étais trop pressé et je suis passé sans la voir. Se souvenant de moi, l'amour m'a dit : « Je ferai éclore une fleur dans ton cœur, car ton corps est le jardin de l'âme. »

Après avoir lu ces lignes, réfléchissez aux priorités de votre vie. L'amour est la seule réalité. Dès que cette vérité prendra racine dans votre cœur, vous ne serez plus tenté de gaspiller votre temps à des futilités. Misez votre vie sur l'intemporel, et cette foi sera votre salut.

Je ne pouvais pas dormir
avec cette peine dans mon cœur.
J'étais angoissé et je pensais à la mort.
Alors j'ai vu cette silhouette de lumière,
debout à côté du lit,
qui m'a dit : « Il n'y a qu'une chose
qui puisse te faire mal à ce point. »
Elle s'est penchée pour m'embrasser
et j'ai compris qu'elle était mon âme.

TABLE

Cet ouvrage a été imprimé par la
SOCIÉTÉ NOUVELLE FIRMIN-DIDOT
Mesnil-sur-l'Estrée
pour le compte des Éditions du Rocher
en mars 2002

Éditions du Rocher
28, rue Comte-Félix-Gastaldi
Monaco

Imprimé en France
Dépôt légal : mars 2002
CNE Section commerce et industrie Monaco : 19023
N° d'impression : 58953